Cornelia Mack

Mütter und ihre Aggressionen

ein verheimlichtes Problem

SCM Hänssler

SCM

Stiftung Christliche Medien

Dieses Werk einschließlich aller seiner Teile ist urheberrechtlich geschützt. Jede Verwendung außerhalb der engen Grenzen des Urheberrechtsgesetzes ist ohne vorherige schriftliche Einwilligung des Verlages unzulässig und strafbar. Das gilt insbesondere für Vervielfältigungen, Übersetzungen und die Einspeicherung und Verarbeitung in elektronischen Systemen.

3. Auflage 2013

© der deutschen Ausgabe 2010
SCM Hänssler im SCM-Verlag GmbH & Co. KG
71088 Holzgerlingen
Internet: www.scm-haenssler.de
E-Mail: info@scm-haenssler.de

Die 1. Auflage erschien unter der ISBN 978-3-7751-4690-6.

Die Bibelverse sind, wenn nicht anders angegeben, folgender Ausgabe entnommen: Lutherbibel, revidierter Text 1984, durchgesehene Ausgabe in neuer Rechtschreibung 2006, © 1999 Deutsche Bibelgesellschaft, Stuttgart

Umschlaggestaltung: OHA Werbeagentur GmbH, Grabs,
Schweiz; www.oha-werbeagentur.ch
Titelbild: istockphoto.com
Satz: F3media, Weil im Schönbuch
Illustrationen: Saskia Klingelhöfer
Druck und Bindung: CPI - Ebner & Spiegel, Ulm
Gedruckt in Deutschland
ISBN 978-3-7751-5263-1
Bestell-Nr. 395.263

Inhalt

Vorwort	5
Allgemeines zu Aggressionen	7
Alltagserfahrungen	7
Ein verheimlichtes Problem	13
Das Gute an Aggressionen	20
Aggressionen sind Signale für Unstimmigkeiten	21
Aggressionen sind Signale für Verletzungen	23
Männer und Frauen bewerten Aggressionen unterschiedlich	24
Was sagt die Bibel über Aggression?	26
Äußerungsformen der Aggression	28
Die Kettenreaktion	40
Auslöser von Aggressionen	43
Stress	43
Schuldgefühle	60
Verletzungen	79
Aggressive Kinder	93
Zusammenfassung	103
Aggressives Grundpotenzial in eine positive Kraft verwandeln	103
Fragebogen	107
Literatur	109
Fußnoten	110

Vorwort

Viele Mütter reagieren aggressiv auf ihre Kinder und gleichzeitig leiden sie unter solchem Verhalten und schämen sich dafür. Auch mir ging das so. Bevor ich Kinder hatte, wusste ich nicht, wie wütend ich eigentlich werden kann. Zugleich litt ich sehr darunter und fragte mich, wie ich meine Aggressionen besser in den Griff bekommen könnte. Viele Mütter empfinden ihre Aggressionen auch als eine Demütigung. Sie leiden unter ihrer Unfähigkeit, angemessen mit ihren Kindern umzugehen. Ich fand es damals beschämend, mich immer wieder in solch aggressiv aufgeladenen Situationen vorzufinden. Das entsprach schließlich nicht dem, wie ich mich meinen Kindern gegenüber verhalten und wie ich sein wollte.

Dies führte zu einem intensiven, auch geistlichen Ringen um die Fragen: Woran liegt das? Was kann ich dagegen tun? Wie kann ich davon frei werden? Gespräche mit meinem Mann habe ich dabei als hilfreich und wegweisend empfunden.

Ich habe erlebt, dass es Wege gibt, anders mit der emotionalen Kraft umzugehen, die hinter den Aggressionen steckt. Aber es war ein langer und teilweise auch schmerzlicher Weg in die Tiefen der Seele. Es brauchte den Mut, manche verletzenden Erfahrungen aus früheren Zeiten aufzudecken und heil werden zu lassen. So weiß ich aus eigener Erfahrung, dass es wirklich Befreiung und Wege aus den Aggressionen gibt. Daran möchte ich meine Leserinnen und Leser teilhaben lassen – verbunden mit dem Wunsch, dass wir die Heilung, die Gott uns schenkt, auch in unseren Beziehungen Wirklichkeit werden lassen und so Menschen seines Friedens werden können.

Hauptthese meines Buches ist: Hinter Aggressionen steckt eine emotionale Kraft, die auch anders als in zerstörerischer Aggression geäußert werden kann. Negatives kann in Positives verwandelt werden. So kann eine Bewegung **vom Minus zum Plus** in unserem Leben in Gang kommen. Genau das hat Gott mit uns vor: Er will unser Leben aus Negativem, aus Schuldverstrickung und inneren Verwicklungen herausführen und zum Positiven, zur Erlösung, zur Versöhnung, zum Frieden vor ihm und zum Frieden in unseren Beziehungen hinführen.

Cornelia Mack

Allgemeines zu Aggressionen

Alltagserfahrungen

Aggressionen gehören zu unserem Alltag dazu. Sie begegnen uns jeden Tag. Ob in den täglichen Nachrichten in Fernsehen, Radio, Zeitung oder in unserem persönlichen Umfeld, die Welt ist voller Aggression und Gewalttätigkeit: Kriege, Bombenanschläge, Angriffe auf Ausländer, Kindesentführung, sexuelle Gewalt.

Auch im persönlichen Alltagsumfeld erleben wir Aggressionen.
   Beim Einkaufen drängelt sich jemand in der Schlange vor, die Umstehenden werden wütend. Am Wühltisch benutzt jemand seine Ellenbogen, um noch schnell das letzte Sonderangebot zu bekommen, und der Nebenstehende bekommt einen Schlag in den Magen.

Im Straßenverkehr erleben wir, dass wir bedrängt oder aggressiv überholt werden oder uns selbst so verhalten.
   Auf dem Parkplatz schnappt uns jemand den letzten freien Parkplatz vor der Nase weg und möglicherweise mündet dies in gegenseitigen Beschimpfungen.

In unseren Familien erleben wir es noch näher: Die Kinder kommen vom Kindergarten oder der Schule nach Hause. Sie sind aufgeladen mit vielerlei Eindrücken. Diese Eindrücke entladen sich oft in Aggressionen. Die Situation eskaliert in den ersten Minuten nach dem Nachhausekommen. Die Kinder beschimpfen die Mutter: *„Du hast meinen Lieblingspulli falsch gewaschen!"* Oder: *„Was hast du schon wieder in meinem Zimmer gemacht?"*

Die Mutter ihrerseits ist wütend, weil sie – wenn sie zu Hause war – während des Vormittags wieder über alles Mögliche gestolpert ist oder sich über die Unordnung in den Kinderzimmern aufgeregt hat. Vielleicht haben die Kinder beim Heimkommen auch das übliche Chaos angerichtet: Anorak und Schulranzen liegen am Boden, die schmutzigen Schuhe werden nicht ausgezogen. So steigt in der Mutter Wut hoch und sie empfindet die zusätzlichen Vorwürfe der Kinder als ungerecht oder gemein. Aus solchen Situationen entsteht dann oft eine emotional negativ aufgeladene Atmosphäre. Die Mutter schreit die Kinder an oder schlägt sie. Die Kinder schreien oder schlagen zurück, schließen sich im Zimmer ein oder lassen ihre Aggressionen an Geschwistern, Tieren oder Gegenständen aus.

Kinder untereinander überschreiten dann häufig auch die Grenzen der Fairness: Eifersuchtsszenen, Machtkämpfe, Schlägereien, die mit ausgerissenen Haaren, blutenden Kratzspuren oder blauen Flecken oder – noch schlimmer – möglicherweise im Krankenhaus enden. Alle, die mehrere Kinder haben, kennen das nur zu gut. Mädchen fechten ihre Streitereien mehr mit Worten aus, Jungen eher in der körperlichen Auseinandersetzung. Wenn die Kinder älter sind, dann äußern sich Aggressionen in hämischem Anbrüllen und verletzenden Worten, die mit Tränen und Türenknallen, Einschließen oder Fortlaufen enden.

Eine aggressionsgeladene Situation entsteht häufig auch, wenn der Vater abends von der Arbeit heimkommt – und dann ein mehr oder weniger gemütliches Chaos antrifft. Wo Kinder leben und handeln, kann es nicht wirklich aufgeräumt sein – aber die Erwartung, eine ordentliche und gemütliche Wohnung anzutreffen, ist da. Als Erstes stolpert der Vater vielleicht über einen Wäschekorb oder über auf dem Boden verstreute Legosteine. Die Mischung aus dem, was er antrifft, und den inneren Frustration aus einem langen anstrengenden Arbeitstag entlädt sich über der Frau oder den Kindern: *„Wie sieht's hier aus? Was tust du eigentlich den ganzen Tag? Könnt ihr nicht mal aufräumen?"*

Die Frau reagiert ihrerseits mit Vorwürfen. Immer wieder ärgert sie sich über anstehende, nicht ausgeführte Reparaturen. Schon seit Wochen wartet sie vielleicht darauf, dass im Keller ein Schrank aufgebaut oder ein Scharnier oder ein Wasserhahn repariert wird. Dies macht sie dem Mann jetzt zum Vorwurf. Schon schaukeln sich beide aneinander hoch und die Atmosphäre ist für den Rest des Tages zerstört.

Noch extremer kann es sein, wenn beide berufstätig sind. Beim Nachhausekommen werden sie von einer Vielfalt von Erwartungen überhäuft: Die Kinder haben Fragen, Erwartungen oder Vorwürfe, vielleicht auch schlechte Noten oder andere Frustrationen mitgebracht. Die ungebügelte oder ungewaschene Wäsche wartet, außerdem das schmutzige Geschirr, Post, Telefonanrufe, die erledigt und E-Mails, die beantwortet werden müssen. Das Essen muss gekocht und der morgige Tag möglicherweise noch vorbereitet werden. Diese Fülle von Erwartungen lässt ein Gefühl der Überforderung entstehen. Statt Friede und Geborgenheit beim Nachhausekommen herrscht Frust und Aggression, emotionales Chaos.

Kommen Ihnen diese Situationen möglicherweise bekannt vor? Solchen Aggressionen können wir nicht viel Gutes abgewinnen. Wir leiden darunter und wünschen uns eine andere Gestaltung unseres Miteinanders.

Viele Mütter und Väter leiden in einer noch tieferen Schicht. Sie leiden nicht nur unter den Aggressionen der Kinder, sondern gerade auch unter den eigenen. Oft entsteht in Müttern mit kleinen Kindern das Gefühl, dass sie mit der Vielfalt der Erwartungen nicht umgehen können und sich darin verlieren, hilflos fühlen und deswegen schnell sehr aggressiv reagieren.

Zu den Aggressionen kommen dann zusätzlich noch Schuldgefühle hinzu: Wir fühlen uns würdelos, unfähig zur Mutter- oder Vaterschaft. Wir verurteilen uns selbst für unser Verhalten, wir schämen uns. Manche Frauen werden auch vom Mann verurteilt, wenn er die Wut seiner Frau gegenüber den Kindern mitbekommt. Gelegentlich lässt es sich auch nicht vermeiden, dass Nachbarn oder Freunde solche Situationen miterleben und uns dann darauf ansprechen und unser Verhalten hinterfragen oder kritisieren. Oft sind es solche, die selbst keine Kinder haben und meinen, es besser zu wissen.

Wenn es dann Situationen gibt, in denen wir uns mit und an den Kindern freuen könnten, dann sind wir schon so frustriert und verärgert, dass auch viele schöne Situationen versäumt werden und ungenutzt verstreichen. Ich erinnere mich noch gut an die Zeit, als unsere Kinder klein waren. Oft war ich am Abend eines Tages verzweifelt über mich und das, was ich – meinem Gefühl nach –

alles verpatzt hatte. Es ist gut, wenn wir uns da nichts vormachen und zugeben, dass wir daran leiden – und wenn wir in der Ehe das Gespräch darüber suchen. Der Ehepartner kann unsere Einschätzungen korrigieren und kann uns nochmals zu einer neuen Sichtweise verhelfen.

Ein verheimlichtes Problem

Unsere Aggressionen sind auch ein verheimlichtes Problem. Kaum eine Mutter wagt es, mit anderen Müttern darüber ins Gespräch zu kommen, wie sie sich in solchen Situationen fühlt. Über die Kinder reden wir viel – auch darüber, wie sie uns nerven und ärgern. Aber wann reden wir darüber, dass wir uns als Mutter schlecht und manchmal auch unfähig fühlen? Wem offenbaren wir, dass wir uns selbst verurteilen oder sogar dafür hassen, wie wir mit unseren Kindern umgehen? Welche Frau redet mit anderen darüber, dass sie an sich und ihren Gaben oder sogar an ihrer Berufung zum Muttersein zweifelt? Viele Frauen denken, dass alle anderen es viel besser machen als sie. Als Frauen empfinden wir unsere Aggressionen im Tiefsten immer als etwas Unangemessenes, etwas, das unserer Art eigentlich nicht entspricht. Zumindest passt es nicht zu dem idealen Bild der liebevollen Mutter, das wir gerne abgeben wollen.

Dieses Empfinden wird noch dadurch verstärkt, dass Mütter und Väter häufig versuchen, in der Öffentlichkeit ein Idealbild abzugeben. Dort sind sie liebevoll und nett zu ihren Kindern. Sie zeigen, wie engagiert sie für ihre Kinder sind und wie gut sie ihren Alltag mit Unternehmungen, Aktivitäten und Förderungen organisieren. Nach außen hin sind sie meistens recht freundlich im Umgangston mit ihren Kindern. So geben sie ein Bild der perfekten Mutter, des perfekten Vaters ab. Doch innerhalb der Familie sieht das oft ganz anders aus: Da herrscht dann vielleicht ein unfreundlicherer oder aggressiverer Ton. Mir wurde das besonders deutlich, als eines unserer Kinder einmal zu mir sagte: *„Weißt du, wenn die Nachbarskinder bei uns sind, dann bist du zu denen immer viel netter als zu uns."* Das hat mir damals sehr zu denken gegeben und war für mich ein Anstoß, mich noch intensiver um Echtheit und um Liebe zu bemühen.

Häufig bauen wir ein Fassadensystem auf. Nach außen versuchen Eltern perfekt und freundlich zu sein. Wenn sie sich in der Öffentlichkeit begegnen, sehen sie voneinander immer diese perfekte Seite. Schnell kommen dann Gedanken wie: *Die anderen sind immer so nett zu ihren Kindern, nur ich kann das nicht.* Und so leiden wir unter der Diskrepanz zwischen Öffentlichkeit und Privat-

sphäre: *"Ich bin unmöglich, ich bin nicht so ideal wie andere Mütter."* Daraus entstehen Gefühle von Minderwertigkeit und Schuld, Traurigkeit und Versagen. Wir sind verzweifelt über uns und unseren Umgangston, wir fühlen uns würdelos und verurteilen uns selbst. Dass es bei den anderen zu Hause oft ganz genauso zugeht wie bei uns, machen wir uns nicht bewusst. Denn darüber reden wir miteinander selten oder gar nicht.

Diese heimliche Konkurrenz unter Müttern oder Eltern, sich perfekt und ideal darzustellen, kann uns ungeheuer unter Druck setzen. Es wäre viel ehrlicher und besser, dieses Fassadensystem fallen zu lassen und auch über unser Leiden und unsere Fragen und Probleme miteinander zu reden. Es ist eine Herausforderung, darum zu kämpfen, dass in Einklang kommt, wie wir mit den Kindern zu Hause und wie wir mit ihnen in der Öffentlichkeit umgehen.

Je privater wir uns erleben, desto offener zeigen wir unsere Aggressionen. Je näher wir uns anderen fühlen, desto eher können wir die Kontrolle verlieren.

Eine andere Variante des Unterschieds zwischen privatem und öffentlichem Leben zeigt sich, wenn wir in der Öffentlichkeit in besonderer Weise unter Druck stehen, mit unseren Kindern einen gu-

ten Eindruck zu machen. Wir ermahnen sie mehr als zu Hause, ordentlich, höflich, anständig zu sein. So können die öffentlichen Auftritte von Müttern mit ihren Kindern auch von besonders lautstarker Aggressivität begleitet sein, damit die Kinder eben nicht aus dem Rahmen fallen.

Dieses Fassadensystem vergleiche ich gerne mit dem Gelände eines Filmstudios, z.B. die Bavaria Filmstudios in München: Hier wird eindrücklich demonstriert, wie ein solches Fassadensystem funktioniert und wirkt. In diesen Filmstudios sind ganze Straßenzüge schön hergerichtet mit hübschen Häusern, Läden, Briefkästen, Lampen, Bushaltestellen – eben mit allem, was zu einem öffentlichen Leben dazugehört. Diese Straßen können je nach Filmgeschichte auf ein bestimmtes Jahrhundert oder ein bestimmtes Milieu getrimmt werden. Wenn man durch diese Straßen geht, die hübschen Häuser ansieht, findet man dieses Umfeld beeindruckend, ja vielleicht sogar einladend, sich dort selbst niederzulassen. Mancher hat dann vielleicht den Gedanken: *Hier zu wohnen, wäre auch ganz schön.* Wenn man dann aber eine Türe aufmacht und in ein solches Haus hineingehen will, dann ist hinter dieser Türe nichts als ein Bauzaun und vielleicht in manchen Häusern noch eine Leiter, damit man im Film auf dem Balkon stehen oder aus dem Fenster schauen kann.

Solch eine Fassadenstadt ist für mich immer wieder zum Bild für unser Leben geworden. Bauen wir nicht oft auch solche Fassadenstädte? Nach außen sieht alles prima aus, aber innen drin ist es vielleicht unaufgeräumt, dunkel und dreckig.

Manche lügen sich selbst in die Tasche, indem sie weder vor sich noch vor Gott wirklich ehrlich sind – und sich sagen: *„Nach außen funktioniert es doch, also ist doch alles okay."* Aber Gott fällt nicht auf solche Fassaden herein, er weiß, wie es dahinter aussieht. Darum will er uns genau in solchen Situationen auch helfen und uns verändern. Er will uns zu echten und ehrlichen Persönlichkeiten machen. Er erkennt uns in den tieferen Schichten und in den wahren Motiven unseres Wesens, sieht die Sehnsüchte und Verzweiflung, die Ängste und offenen Fragen, die wir niemandem stellen können. Und weil Gott uns durch und durch kennt und uns trotz allem liebt, ist er der Einzige, der mit uns zusammen dieses Haus unseres Lebens bewohnbar machen kann und will. Gerade an den Stellen, wo wir nicht zurechtkommen, will Gott uns Zug um Zug, Stück um Stück verändern. Er kann uns in der Tiefe unserer Seele erneuern und uns zeigen, wie wir die emotionale Energie hinter den Aggressionen auch neu und positiv einsetzen können. Gott will, dass das Fassadensystem ein Ende hat und es innen und außen gleichermaßen schön wird.

Das Gute an Aggressionen

„Aggression" kommt aus dem Lateinischen, leitet sich her von dem Wort „aggredi" mit der Bedeutung von „heranschreiten, sich nähern, angreifen, eine Sache in Angriff nehmen". „Aggression" ist nach der ursprünglichen Bedeutung also ein Antrieb. Was an emotionaler Energie in der Aggression negativ zum Ausdruck kommt, ist ein Zeichen für die Kraft, die wir in uns tragen und mit der wir haushalten können. Eine Kraft, die sich nicht negativ äußern muss, sondern die verwandelt werden und zum Positiven eingesetzt werden kann: vom Minus zum Plus. Diese Entdeckung kann Hoffnung schenken, in Situationen, in denen wir sonst nicht weiterwüssten.

Die positive Kraft der Aggressionen wird zum Beispiel auch in lebensbedrohlichen oder schwierigen Situationen deutlich. Darin können wir erstaunliche Energie entwickeln. Es wird etwas deutlich von dieser dahinterstehenden starken Kraft, die auch zum Guten, zum Schutz, zur Sicherung eingesetzt werden kann. Sie kann auch in sinnvolle Aktionen und Einsatz für unsere Beziehungen umgewandelt werden.

In dieser Entdeckung, wie diese Kraft anders umgesetzt und eingesetzt werden kann, liegt auch die Hoffnung und das Spannende.

Aggressionen sind Signale für Unstimmigkeiten

Ohne ein gewisses Maß an positiv eingesetzter Energie kommt man einander nicht näher. Um Distanz zu lernen oder zu wahren, braucht es ebenso ein gewisses Maß an Aggression. Aggressionen bringen also Bewegung in unser Beziehungsgefüge, verändern das Verhältnis von Nähe und Distanz. Der Aggressivere reagiert entweder aus einem Gefühl der Ohnmacht oder Unsicherheit heraus aggressiv – oder umgekehrt aus Machtstreben oder aus Gefühlen der Rache oder Überlegenheit heraus.

In Ehen gibt es oft aggressive Auseinandersetzungen, weil es in fast jeder Ehe Bereiche von Ungleichgewicht gibt: ungleiche Interessen, Gaben, Stärken. Mal ist der eine stärker und der andere schwächer – aber beide greifen zum gleichen Mittel: zur Aggression, um sich entweder durchzusetzen und etwas zu erreichen oder um sich zu schützen und zu verteidigen.

Anders formuliert: Wenn uns jemand zu nahe tritt oder zu distanziert ist, werden wir wütend. Aggressionen können darum auch ein Selbstschutz sein, die unerfüllte Bedürfnisse aufzeigen oder die Grenzen deutlich machen, die nicht überschritten werden dürfen. Deswegen können wir

eigene oder Aggressionen anderer als Signal verstehen. Sie sind ein Hinweis auf ein Missverhältnis: *„Hier ist etwas nicht in Ordnung, hier muss etwas in Bewegung kommen. Oder: Hier kann ich noch etwas lernen."* Aggression kann uns Kraft geben, etwas Neues anzupacken, kann uns in eine Richtung führen, wo es neue Horizonte gibt, kann eine positive Wirkung entfalten, damit sich Veränderung in unserer Persönlichkeit und in unseren Beziehungen, in unseren Umgangsformen anbahnt. Letztlich kann Aggression, wenn wir sie richtig nutzen, also eine Chance zu mehr Echtheit und einem positiven Miteinander sein.

Aggressionen sind Signale für Verletzungen

Wenn wir auf Aussagen oder das Verhalten anderer Menschen unangemessen aggressiv oder in einander sich ähnelnden Situationen immer auf die gleiche Weise negativ reagieren, ist dies ein Zeichen dafür, dass etwas in der Bewertung der Situation nicht stimmt. Möglicherweise tauchen Erinnerungen an Situationen der Demütigung, Bedrohungen oder Ungerechtigkeit, Verunsicherung, Angst oder die Nichterfüllung eines Wunsches und daraus entstandener Frustration auf. Diese Erinnerungen verzerren unsere Wahrnehmung und wir reagieren unangemessen aggressiv und verletzend. Gerade darin liegt ein weiterer positiver Aspekt von Aggressionen: dass sie uns auf tiefer liegende Verletzungen, Ungeheiltes und Unverarbeitetes, das uns noch belastet, hinweisen.

Signalwirkung hat Aggression auch darin, dass uns bei anderen Menschen gerade Charaktereigenschaften aggressiv machen, unter denen wir selbst auch leiden oder die uns selbst stören. Letztlich kann die geäußerte Aggression, wenn wir sie als Signal verstehen, also eine Chance zu mehr Echtheit, zur Veränderung und einem positiven Miteinander sein: vom Minus zum Plus.

Männer und Frauen bewerten Aggressionen unterschiedlich

Frauen und Männer erleben ihre Aggression durchaus unterschiedlich. Frauen betrachten ihre Aggression eher als Kontrollverlust, verursacht durch einen immer stärker werdenden inneren Druck, dem sie nachgeben müssen. Daraus resultieren dann häufig Schuldgefühle.

Männer sehen Aggression eher als Mittel, Kontrolle über andere Menschen oder Dinge auszuüben oder auch eine Sache zielgerichtet in Angriff zu nehmen.

Für Frauen ist Aggression eher etwas Negatives, ein Versagen der Selbstkontrolle, für Männer eher ein positives Mittel, etwas durchzusetzen. Deswegen lieben Männer sportliche Wettkämpfe, sowohl als Zuschauer als auch als aktiv Beteiligte.

Jungen müssen die Möglichkeit haben, Aggressionen in einem guten Rahmen auszuleben. Sie müssen sich im Kampf erproben und ihre Kräfte messen. Oft werden sie gerade nach einem durchgestandenen Kampf und einigen Blessuren zu echten Freunden.

In den Kindergärten und Schulen haben wir inzwischen fast nur noch weibliche Lehrkräfte. Diese empfinden Aggressionen häufig eher als demütigend oder herabsetzend. So wird von Erzieherinnen jede Aggression oder Rebellion bei Jungen oft schon als verhaltensauffällig eingestuft. Jungen werden nicht genug Möglichkeiten zu spielerischen Kämpfen geboten.

Sie brauchen es aber, dass sie Konflikte in gesunden Rangordnungskämpfen austragen und aushalten, sich versöhnen und ihre Aggressionen auf diese Weise steuern und kontrollieren können. Lernen Jungen dies nicht in der Kindheit und Jugend, ist die Gefahr groß, dass sie später zu unkontrollierten Gewalttaten neigen.

Was sagt die Bibel über Aggression?

Die Aggression kam mit dem Sündenfall in die Welt. Die erste aggressive Reaktion war die Schuldzuweisung Adams an Eva und als Zweites dann deren Rechtfertigung mit den Aussagen der Schlange. Die Folge waren Neid, Missgunst und Mord. Mord, wie der von Kain an seinem Bruder Abel, ist die schlimmste Form der Aggression. Die Bibel beschreibt aggressive Verhaltensmuster von Menschen in allen Variationen: Betrügereien, Kriege, Vergewaltigungen, Plündereien, Machtkämpfe.

Neben den Schilderungen von vielen Situationen, in denen Zorn aufkommt, werden wir in der Bibel ermahnt, mit unserem Zorn so umzugehen, dass wir nicht in zerstörerischen Formen der Aggressionen stecken bleiben, sondern wieder zur Versöhnung und zum Frieden finden können.

Bemerkenswert ist dabei der Spruch in Epheser 4,26: „Zürnt ihr, so sündigt nicht." Zorn muss also nicht gleich in Sünde, in negative Aktionen münden, sondern ist ein Erregungszustand, ähnlich dem Ärger, der auch positive Veränderungen nach sich ziehen kann. Jesus hat sich nie im Zorn gewalttätig gegen Menschen gerichtet. Sehr wohl aber hat er sich zornig dagegen verwehrt, dass der Tempel für kommerzielle Zwecke missbraucht wurde, und hat darum die Tische der Händler umgestoßen.

Schlüsselworte für die Veränderung unseres Verhaltens sind Gnade, Barmherzigkeit und Vergebung, mit der Gott uns Menschen begegnet und mit der er unser Leben so verändern will, dass wir zu liebesfähigen und friedensfähigen Menschen werden.

„Ein jeder Mensch sei schnell zum Hören, langsam zum Reden, langsam zum Zorn. Denn des Menschen Zorn tut nicht, was vor Gott recht ist" (Jakobus 1,19-20).

In der Bergpredigt ruft Jesus zur Gewaltlosigkeit, zur Sanftmut auf. Als Petrus bei der Verhaftung von Jesus zum Schwert greift und einem der Soldaten ein Ohr abschlägt, verurteilt Jesus dieses Verhalten. Er heilt das Ohr des Malchus und rügt Petrus mit den Worten: „Wer das Schwert nimmt, der soll durch's Schwert umkommen" (Matthäus 26,52).

Gott selbst ging in Christus den Weg ins Leiden, in den Tod und war darin allen Formen der Aggression ausgesetzt: Verleumdung und Verspottung, Gefangennahme, Entwürdigung, Hass und Verletzung, Verrat und Niedertracht bis hin zu seinem Tod am Kreuz. Er nahm unsere Schuld auf sich, er hat sie getragen und in seinen Tod mit hineingenommen, damit wir anders leben können. Durch sein Sterben und sein Auferstehen gibt Jesus uns eine neue Perspektive, einen Weg heraus aus Verletzung und Schuldverwicklung.

Äußerungsformen der Aggression

Aggressionen werden auf verschiedene Art und Weise geäußert. Es gibt **passiv-aggressives** Verhalten und **aktiv-aggressives** Verhalten.

Aktives Verhalten äußert den Ärger offen: Toben, Schreien, Türenknallen bis hin zu tätlichen Angriffen.

In versteckter Form zeigt sich die Aggression in Häme, Zynismus oder Schadenfreude. Auch das Schweigen und Schmollen gehört zu den verdeckten oder heimlichen Äußerungen von Aggression.

Passive Aggressionen zeigen sich in der Verdrängung der Gefühle: Wut unterdrücken oder gegen sich selbst richten (Autoaggression), negative Selbstbewertung oder Selbstbestrafungen.

Beide Arten, mit Wut und Aggression umzugehen, sind nicht wirklich hilfreich – weder für uns selbst noch für das Klima in unseren Beziehungen. Dies bestätigt auch eine Studie[1] der Universität Greifswald. Die Mehrzahl der darin befragten Personen gaben zu, zu den aktiven Äußerungen zu neigen (43%). In der Wirkung wurde dieses Verhalten aber als am ungünstigsten eingeschätzt. 18% neigten eher zu den passiven Formen der Aggression, erlebten aber gerade dabei eine große Unzufriedenheit.

Diesen nicht hilfreichen Umgang mit Aggressionen möchte ich im Folgenden noch genauer beschreiben. Im Anhang auf S. 109 f findet sich dazu nochmals eine Übersicht zur persönlichen Selbsteinschätzung.

Passiv-aggressives Verhalten

Verdrängung auf die körperliche Ebene

Gefühle von Wut, Ärger oder auch Angst und Ohnmacht werden nicht offen geäußert, sondern verdrängt. Dies ist dann der Fall, wenn man als Kind Gefühle nicht zeigen durfte oder sogar dafür bestraft wurde. So wurde gelernt: Gefühle sind schlecht, unterdrücke sie. Doch wer Gefühle verdrängt, wird hinterrücks wieder von ihnen eingeholt. Solche Menschen sind häufig aggressiv oder depressiv, lustlos oder antriebslos. Was die Seele nicht äußern darf, zeigt sie dann häufig in körperlichen Reaktionen wie Krankheiten, Verspannungszuständen oder Schmerzen. Dazu gehören Kopfschmerzen, Bauchschmerzen, Blähungen, Durchfall, Appetitlosigkeit. Manche reagieren mit übermäßigem Essen, andere mit Essensverweigerung. Manche leiden unter Erschöpfungszuständen oder Schlaflosigkeit; auch Bluthochdruck, Nervenzusammenbrüche oder Taubheitsgefühle können ein Zeichen für verdrängte Aggression sein. In der Fachsprache nennt man das auch *So-*

matisierung (Verkörperlichung seelischer Prozesse) – ein Abwehrvorgang, bei dem seelische Konflikte in Form körperlicher Symptome zum Ausdruck gebracht werden.

Besonders anfällig für solche Somatisierungsprozesse sind sensible Menschen[2]. Samuel Pfeifer hat sich ausführlich mit diesem Persönlichkeitsbild beschäftigt und seine aufschlussreichen Untersuchungen in einem Buch einer breiten Öffentlichkeit zugänglich gemacht. Sensible Menschen leiden häufig unter körperlichen Beschwerden, schneller Reizbarkeit und auch Erschöpfungszuständen. Trotz der Versicherung der Fachleute, dass keine ausreichende körperliche Ursache für die körperlichen Beschwerden gegeben ist, bleibt die Unsicherheit und das Bedürfnis nach einer befriedigenden Erklärung bestehen. Teilweise fühlen sich diese Menschen von den Fachleuten und den Menschen ihrer Umgebung nicht mehr ernst genommen, was den Leidensdruck noch erhöht. So nehmen sie aufwendige Untersuchungen oder gar operative Eingriffe in Kauf, um dem Leiden endlich ein Ende zu setzen und endlich eine Diagnose zu haben, die belegt, dass man sich die Beschwerden nicht eingebildet hat.

Ein solches Krankheitsbild kann nur aufgelöst werden, indem man einerseits bestimmte Begrenzungen akzeptiert und mit sich selbst behutsam umgeht[3], andererseits bisherige Lösungsversuche aufgibt und eine neue Art des Umgangs mit eventuell verdrängten Gefühlen lernt: offene Auseinandersetzung mit den Aggressionsauslösern, Ehrlichkeit gegenüber den eigenen Gefühlen, neue Bewertungen von kränkenden oder verletzenden Erfahrungen, anderer Umgang mit Belastungen und Konflikten, Stressabbau und Stressverminderung.

Nicht alle körperlichen Beschwerden weisen auf verdrängte Aggressionen hin. Wenn es aber keine medizinische Erklärung für Beschwerden gibt, könnte es eine Hilfe sein, nach Verdrängungsmechanismen als Konfliktlösungsmodell zu suchen:
Wie gehe ich mit Konflikten und den damit verbundenen Gefühlen um?
Darf ich sie äußern? Wenn nein, wer verbietet mir das?
Kann ich in ruhiger und sachlicher Weise darüber reden?
Kann ich Formen der aktiven und kreativen Auseinandersetzung entdecken und Wege zur Umsetzung entwickeln?

Verdrängung in Form von Selbstbestrafungen

Verdrängte Aggressionen äußern sich nicht nur in körperlichen Reaktionen, sondern auch in **negativen Selbstbotschaften**. Wir bestrafen uns
– mit negativen Beurteilungen: *„Ich bin sowieso nichts."*

- mit uns selbst erniedrigenden Einreden: *„Mal wieder typisch für mich."*
- mit negativen Gedanken über uns: *„Aus mir kann doch nichts werden."*
- mit Selbstverurteilungen: *„Wusste ich's doch, dass ich das nicht kann."*
- mit negativen Selbstgesprächen: *„Ich bin doch nichts wert."*
- mit Schuldzuweisung: *„Selbst schuld!"*
- mit Neigung zu Unfällen: *„Es musste ja schiefgehen."*

So kann man sich regelrecht in eine depressive Verstimmung hineinreden. Die Lust am Leben geht verloren, Selbstmordgedanken können Raum gewinnen.

Depressionen können eine Ausdrucksweise passiver, gegen sich selbst gerichteter Aggression sein. Der Psychiater Dr. Forster stellt fest, dass der Weg in die Depression der Versuch sei, sich vor dem eigenen Zorn zu schützen. Solche Menschen fragt er: „Auf was in aller Welt bist du so zornig?" Diese Frage kann der Schlüssel zu einem ganz neuen Herangehen an die Depression sein. Manche Menschen sind zornig auf alles und jeden und sie schützen sich durch Rückzug in die Depression. Vielleicht durften sie als Kind nie negative Gefühle zeigen. Gefühle wie Ohnmacht, Schmerz, Wut oder Überforderung werden ins Unbewusste verdrängt und verursachen dort eine Art „gefühlsmäßige Verstopfung". Die Auslöser von Depressionen sind vielschichtig, eine Ursache kann Verdrängung von Emotionen sein.

> *„Es ist besser, ich bete einen Rachepsalm, als einen gottlosen Hass in meinem Herzen zu tragen."*
>
> Adolf Schlatter

Auch **Selbstverletzung** ist eine Form der Autoaggression. Häufig wählen Frauen oder Mädchen diese Form, sich zu bestrafen. Es hilft zum Spannungsabbau und dient Betroffenen dazu, wieder in die Wirklichkeit zurückzufinden. Manche erleben nur auf diese Weise intensive Gefühle, können sich spüren, erleben möglicherweise eine Art der Vertrautheit. Menschen, die als Kinder missbraucht wurden, die erfahren haben, dass ihre persönlichen Grenzen permanent von anderen überschritten und damit verletzt wurden, versuchen diese Kindheitsgefühle wiederherzustellen, indem sie sich als Erwachsene wieder verletzen. Sie schneiden oder brennen sich Wunden in die Haut. Damit bewegen sie sich auf bekanntem Terrain, fühlen sich „zu Hause". Zur Persönlichkeitsstörung des Borderlinesyndroms gehört dieses Verhaltensmuster in der Regel dazu.

Aber nicht alle, die sich selbst verletzen, müssen gleich psychiatrisch behandelt werden. Eine neue Studie der Universität Ulm unter Paul Plener stellte fest, dass die Selbstverletzungen bei Jugendlichen häufiger auftreten als bisher angenommen. Ein Viertel der Befragten gab an, sich schon mindestens einmal absichtlich verletzt oder sich Schmerzen zugefügt zu haben. Die meisten beginnen mit dem selbstverletzenden Verhalten im Alter von 13 oder 14 Jahren.

Mädchen sind der Studie zufolge mehr als doppelt so oft betroffen wie Jungen. In der Hauptschule gibt es mehr Jugendliche, die sich selbst verletzen, als in den anderen Schultypen – ein Unterschied zwischen Stadt und Land ließ sich nicht ausmachen. „Wir beobachten eine Welle des Ritzens unter den Jugendlichen", erklärt Dr. Plener. Im Internet ist das Thema höchst präsent. Laut internationalen Studien existieren derzeit rund 400 Seiten und Diskussionsforen dazu[4].

Aktiv-aggressives Verhalten

Heimliche Aggressionen

Eine unangenehme Form der versteckten Aggressionen im menschlichen Miteinander ist **die emotionale Erpressung.**

Dazu gehört das **Schweigen und Schmollen**: Der heimlich-aggressive Mensch zieht sich zurück und lässt seinen Nächsten ins Leere laufen. Er fühlt sich „besser", vielleicht auch heiliger als der andere und vermittelt: *„Was hast du nur, ich werde nie wütend."* Schweigen und Schmollen ist eine Verweigerung der Kommunikation und verunmöglicht eine Klärung des Konfliktes. Somit ist es ein sehr unfaires Verhaltensmuster.

Zu den Formen der emotionalen Erpressung gehören auch **Heulkrämpfe, hysterische Szenen, Liebesentzug** oder auch **Drohungen**: Wer mit Reden nicht mehr weiterkommt, greift gern in die schmutzige Trickkiste. Statt zu schweigen, wird dann mit Worten erpresst: *„Wenn du nicht ..., dann ..."*

„Wenn du mich wirklich lieben würdest, dann würdest du dich jetzt um mich kümmern / den Müll runterbringen / dich liebevoller mit den Kindern beschäftigen ..." – *„Wenn du dich nicht ab sofort mehr um mich kümmerst, dann verlasse ich dich." ...*

Um ans Ziel zu kommen, wählen viele Menschen die emotionale Erpressung; häufig sind es die Muster, die bereits in der Herkunftsfamilie gelernt wurden.

Dabei werden die Langzeitschäden meistens nicht bedacht. Denn das Vertrauen wird untergraben. Der Bedrohte oder Erpresste wird in eine Verteidigungsposition gebracht. Reagiert er entsprechend der Drohung, hat der Erpresser Macht über ihn, tut er es nicht, bestätigt er die Aussage des Erpressers und ist wieder auf der Verliererseite. Es entsteht ein Machtgefälle zwischen Erpresser und Erpresstem. Das kann zu starken unterschwelligen Aggressionen führen, die sich auf Dauer bitter rächen, Beziehungen werden so geschädigt oder zerstört.

Sabotage ist die subtilere Form der Erpressung. Beispiele:
Immer wenn er mit den Kumpels ausgehen will, überfällt sie ein furchtbarer Migräneanfall. Oder: Wenn er sich nicht genug um sie kümmert, verweigert sie sich im Bett. – Wenn sie in seinen Augen nicht angemessen als Hausfrau und Mutter funktioniert, dreht er den Geldhahn zu. – Immer wenn sie das Gespräch über die Beziehung sucht, geht er aus dem Raum oder schaltet den Fernseher an. – Die Schwiegermutter streut heimlich schlechte Botschaften über die Schwiegertochter aus und versucht, den Sohn gegen die eigene Frau aufzuhetzen und ihn so an sich zu binden.

Immer dann, wenn das Verhalten dazu genutzt wird, den anderen emotional zu manipulieren, ihn zu etwas zu bringen, was er freiwillig nicht tun oder nicht geben möchte, ist Erpressung im Spiel – also bei Drohungen, Schweigen, Schmollen, Liebesentzug, hysterischen Schreikrämpfen. Die offene Auseinandersetzung erfordert immer Mut.

Denn wenn ich offen sage: „Ich wünsche mir von dir das und das", droht immer die Gefahr, dass mein Gegenüber mir diesen Wunsch verweigert. Das kann sehr schmerzlich sein. Mit diesem Schmerz und der damit verbundenen Zurückweisung richtig umzugehen, erfordert eine gewisse Frustrationstoleranz und die Erkenntnis, dass der andere ein Mensch mit eigenen Bedürfnissen und auch mit Grenzen und Schwächen ist.

Wer über die Fähigkeiten, sich offen zu äußern, nicht verfügt, wird nach Alternativen suchen, um trotzdem ans Ziel zu kommen. Erpressung kann, wird sie nur subtil genug durchgeführt, durchaus von Erfolg gekrönt sein. Aber die Folge sind zerstörtes Vertrauen, Machtgefälle, Hilflosigkeit und letztendlich vielleicht auch Flucht aus der Beziehung.

Sarkasmus ist ebenso eine Form der heimlichen versteckten Aggression. Andere Menschen werden in einem vermeintlich lustigen Ton und mit Witz niedergemacht. In Wirklichkeit soll der andere aber geschädigt oder verletzt werden. Mit Sarkasmus reagieren wir zwar angeblich auf die Aussage des anderen, aber wir verkehren sie ins Gegenteil und lassen unser Gegenüber damit ins Leere laufen. *„Ach du armer Tropf, haben sie dich schon wieder fertiggemacht."* Unterschwellig regiert Häme oder Schadenfreude. Oder wenn ein Kind sich verletzt hat: *"Ach, tut das aber weh!"* – und in Wirklichkeit denken wir: *"Das geschieht dir gerade recht."* Durch solches Verhalten schützen wir uns vor den Gefühlen des anderen. Dahinter steht der Gedanke: *"Ich kann den Schmerz des anderen nicht ertragen."* Oder: *"Ich weiß nicht, wie man tröstet."* Oder: *"Mir ging es früher auch nicht besser."* Darum äffen wir andere nach, machen sie lächerlich oder verhöhnen sie.

Nörgeln gehört ebenfalls zu den Formen der heimlichen Aggression. Indem ich den anderen kritisiere, erhebe ich mich über ihn und damit fühle ich mich selbst besser. *"Ich bin besser, ich weiß ganz genau, wie es richtig wäre."* Ich grenze mich ab, stelle den anderen ins Abseits. Wer viel zu kritisieren hat, leidet oft unter einem Minderwertigkeitsgefühl und zeigt dem anderen durch Nörgeln seine angebliche Überlegenheit. Nörgeln und Kritisieren macht auf Dauer jede Beziehung kaputt. Ein Mensch mit einer gesunden Persönlichkeit wünscht sich ein positives Miteinander. Mit Nörgeln und Kritisieren erreichen wir genau das Gegenteil: Bitterkeit, Frustration, Misstrauen.

Offener Ausbruch von Wut

Zu den schlimmsten Auswüchsen der aktiven Aggression gehört der **jähzornige Wutausbruch**: Schreien, andere Menschen packen, schütteln oder treten, stauchen, ohrfeigen, schlagen, morden. – Die etwas gemäßigtere Form äußert sich in Türenknallen oder Zerstörungswut. Der Wütende wirft Gegenstände im Zimmer umher oder aus dem Fenster, zerstört Sachen, indem er darauf herumtrampelt, sie zerreißt, verbrennt, wegwirft usw. Solche Ausbrüche verursachen Leiden bei denen, die es miterleben müssen. Oft sind Kinder Opfer solcher Gewaltausbrüche und können sich nicht wehren. Meist sind es aufgestaute Aggressionen, die auf den letzten Tropfen warten, der das Fass zum Überlaufen bringt. Möglicherweise sind Eltern übermüdet und überfordert und wenn das Baby dann schon wieder schreit, dann wird es Opfer der Wut der Eltern. Solche Ausbrüche sind wie der Vorgang in einem Dampfkochtopf, dessen Ventil verstopft ist. Wird er weiter erhitzt, bekommt er massiven Überdruck. Die Folge: Entweder das Ventil oder der ganze Topf explodiert und die Umstehenden werden dadurch verletzt. Jähzornige Wutausbrüche verletzen und können viel Vertrauen in unseren Beziehungen zerstören, können kindliche Seelen dauerhaft schädigen. In der Bibel wird solches Verhalten als töricht beschrieben: „Ein Mann, der seinen Zorn nicht zurückhalten kann, ist wie eine offene Stadt ohne Mauern" (Sprüche 25,28). Wer seinen Zorn ungezügelt auslebt, verliert die Grenzen seiner Persönlichkeit und damit auch seine Würde.

Die Kettenreaktion

Jeder Wutausbruch, jede Aggression hat ihre Vorläufer. Wie eine Perlenkette reihen sich bestimmte Erfahrungen, Gedanken, Erinnerungen und damit verbundene Gefühle der Ohnmacht, Demütigung, Zurücksetzung aneinander. Oft sind dies immer wieder ähnliche oder fast dieselben Situationen oder Verhaltensmuster von Mitmenschen, die uns verunsichern, Angst machen, an verletzende oder Furcht einflößende Erlebnisse erinnern (siehe Aggressionsauslöser S. 109). Diese Vorläufer für aggressive Ausbrüche müssen wir kennenlernen, wenn wir Kettenreaktionen auflösen wollen. Je besser wir die Vorlaufer kennen, desto größer die Chance, in unserem Verhalten etwas zu ändern.

Die Kettenreaktionen können wir in der Situation selbst nicht auflösen, denn wenn die Wut hochkocht, laufen unsere Reaktionsmuster wie in einer chemischen Reaktion ab oder wie ein Autopilot, der selbst steuert, ohne dass wir es noch beeinflussen könnten.

Deswegen brauchen wir Momente der Stille, Auszeiten, in denen wir in aller Ruhe darüber nachdenken oder auch etwas aufschreiben (in Form eines Briefes), was in uns abläuft, was uns da erinnert, verletzt, verunsichert, wütend macht.

Oft sind es Erinnerungen an Situationen der Demütigung oder Hilflosigkeit aus früheren Zeiten, Erinnerungen an verletzende Erfahrungen, die uns Angst gemacht haben. In der Gegenwart entstehen sogenannte Parallelsituationen, die wieder dieselben Gefühle auslösen. Wenn uns dies bewusst wird, können wir die Reaktionen, die ablaufen und die sich wie eine Perlenkette aneinanderreihen, einzeln anschauen. Hilfreich ist auch, wenn wir wissen, wo wir vor einem Wutausbruch noch steuern und unser Verhalten beeinflussen können.

> *Ärger ist die innere Antenne, die uns zeigt, dass Aggressionen hochkommen.*

Für die Auflösung der Kettenreaktionen spielt der Ärger eine wichtige Rolle. Durch ihn werden wir in Alarmbereitschaft versetzt. Diese entsteht durch die Freisetzung von Stresshormonen, die Energiereserven des Körpers, als Vorbereitung auf eine bevorstehende Flucht oder einen Kampf – beides unmittelbare Reaktionen auf eine Stresssituation. So ist der Ärger eine innere Sprungfeder, ein Vorgang, der mir eine bevorstehende Reaktion auf eine zurückliegende Verletzung, Frustration oder Furcht signalisiert. Ärger kann noch positiv und konstruktiv und frei von zerstörenden Aggressionen ausgedrückt werden. Genau darin besteht die Chance zur Veränderung. „Zürnt ihr, so sündigt nicht." Wenn wir nicht von unseren Aggressionen überrumpelt werden, können wir schon bei den ersten Anzeichen unseren Ärger besser steuern.

So können wir lernen, direkt vor einem Wutausbruch innezuhalten, tief durchzuatmen und zu überlegen: *Was kommt da bei mir hoch? Wovor habe ich Angst? Was will ich abwehren?* – und dann überlegen, wie wir stattdessen reagieren könnten. *Welche Gedanken wären hilfreich? Welche Ziele will ich erreichen? Wie hat es der andere wirklich gemeint?*

Auslöser von Aggressionen

Stress

Es gibt positiven Stress im Sinne einer guten Herausforderung: ein Projekt, das vor uns steht; eine Aufgabe, die wir lösen wollen. Wir werden gefordert und können etwas leisten und sehen nachher ein positives Ergebnis. Diesen Stress nennt man auch *Eustress*, guten Stress.

Der negative Stress wird auch *Disstress* genannt. Dazu zählen belastende oder überfordernde Zeiten.

Besondere Stresszeiten bei Frauen

In der Zeit **vor oder während der Periode** geraten viele Frauen in negativen Stress und dadurch in Aggressionen. Die kleinsten Dreckspritzer oder unordentliche Ecken können sie in dieser Phase zum Ausrasten bringen. Manche verfallen in einen Putzfimmel, andere antworten nur noch gereizt auf ganz normale Fragen der Kinder oder des Ehemannes. Möglicherweise merken sie nicht einmal, dass sie gereizt oder aggressiv reagieren. Es wird ihnen erst bewusst durch das, was sie bei anderen an Frustration, Schmerz, Unverständnis oder Enttäuschung auslösen. Die Frage: *„Mama, warum schaust du heute so aggressiv?"* war für mich häufig ein Signal dafür, dass ich wieder in der entsprechenden Phase war.

Etwa ²/₃ aller Frauen leiden unter solch einer Störung, die auch PMS (prämenstruelles Syndrom) genannt wird. PMS ist seit dem Jahr 2000 als Erkrankung anerkannt[5]. Zu den körperliche Symptomen gehören Wasseransammlungen im Körper (Augenlider), Hautveränderungen, Müdigkeit, Abgeschlagenheit, Erschöpfungssymptome, Übelkeit, Magen-Darm-Beschwerden, Krämpfe im Unterleib, Kopf- und Rückenschmerzen, Heißhunger oder Appetitlosigkeit, schmerzhaftes Ziehen in den Brüsten, erhöhte Sensibilität auf Reize (Licht, Berührung, Lärm, Geruch, Zeit- und Arbeitsdruck), Migräne. Die seelischen Symptome äußern sich in Stimmungsschwankungen, Antriebslosigkeit, Überaktivität, Depressionen, Angstzuständen, Reizbarkeit und Aggressivität.

➡ *Alltagstipps – vom Minus zum Plus*

1. Es ist gut, dass wir Frauen einen Zyklus haben, und wir sollten bewusst mit diesem Zyklus leben. Wenn wir in die „aggressive Phase" eintreten, sollten wir uns zurücknehmen und auch Kontakte reduzieren. Es kann für die Mutter und die restliche Familie entlastend sein, wenn sie sich einen Tag Pause gönnt. Damit wird das Klima entschärft – vielleicht kön-

nen wir es uns leisten, einen Tag freizunehmen von der Haus- oder Familienarbeit. Vor allem entspannende Sportarten in Sonne und frischer Luft wie Spaziergänge, Radfahren und Joggen können helfen. Oder den Blick auf etwas anderes legen: sich einen Einkaufsbummel, eine Lesezeit auf dem Balkon erlauben. Alles, was entspannend wirkt, kann das prämenstruelle Syndrom abschwächen. Auch ausgewogene Ernährung und ausreichender Schlaf wirken den körperlichen Symptomen entgegen.

2. Wir sollten in der Ehe (und mit älteren Kindern) über den Zyklus und seine Wirkung auf unsere psychische Befindlichkeit sprechen. So helfen wir dem Ehepartner, mit dem Zyklus der Frau zu leben. Es kann für einen Mann sehr erleichternd sein, wenn er merkt, dass die aggressiven Ausbrüche keine persönlichen Angriffe gegen ihn sind, sondern durch den speziellen „Hormoncocktail" seiner Frau verursacht werden. Dies kann helfen, distanzierter und humorvoller mit den unausgeglichenen Gefühlen der Frau umzugehen. Auch für Kinder kann eine solche Erklärung eine Hilfe zur Einordnung der Verhaltensmuster der Mutter sein.

Der Stress der Babyzeit

Die Zeit nach einer Geburt ist einerseits etwas ganz Besonderes und andererseits auch etwas immens Forderndes für junge Mütter und Väter und – falls schon andere Kinder da sind – für die ganze Familie.

Alle früheren Muster sind mit der Geburt eines Babys zu Ende, die Selbstständigkeit einer berufstätigen Frau ebenso wie die Freiheit in der Zeiteinteilung, spontane Ideen sind selten umsetzbar, die Zeitgestaltung wird von einem fordernden und schreienden Baby übernommen. Die Rollen zwischen den Ehepartnern müssen neu gelernt werden. Wir sind nicht mehr nur Partner, sondern auch Vater und Mutter. Der Bedarf nach Zärtlichkeit und körperlicher Nähe ist bei der Mutter oft durch das Kind gestillt, der Vater fühlt sich vielleicht deshalb überflüssig und sucht evtl. woanders nach Nähe.

Die Bedürfnisse der Kinder diktieren uns innerlich und äußerlich. Doch oft herrscht trotzdem das Gefühl vor, den Bedürfnissen der Kinder nicht gerecht werden zu können, ja sie in den elementarsten Bedürfnisses nicht zufriedenstellen zu können. Manche Kinder schreien nämlich auch dann noch, wenn unsere Möglichkeiten und Ideen erschöpft sind. Das nagt am Selbstwert, an den Nerven, macht uns hilflos und unsicher. Dies kann eine Versagenserfahrung sein, die uns aggressiv macht.

Oft sind Mütter durch die Geburt noch entkräftet, sie müssen mit wenigen Stunden Nachtschlaf auskommen, sind tagsüber übermüdet. Dazu kommt die Hormonumstellung nach einer Geburt, die ein Übriges dazu tut, die Kräfte zu rauben. Stillen kostet zusätzlich Kraft.

Beim ersten Kind stürmen vielerlei Reize auf uns ein, wir sind mit vielerlei neuen Situationen und Herausforderungen konfrontiert. Die liebe Verwandtschaft spart nicht mit Ratschlägen. Tanten, Mutter und Schwiegermutter, Großmütter wissen es angeblich besser und jeder hat andere Erziehungsvorstellungen. Das verunsichert und ärgert.

Wenn wir mehrere Kinder haben, dann potenziert sich der Stress. Neben einem schreienden Baby müssen die anderen dringend zum Kindergarten oder zur Schule, obwohl das Frühstücksgeschirr noch nicht abgeräumt ist. Außerdem müssten wir noch Wäsche aufhängen und einkaufen und rechtzeitig ein Mittagessen auf den Tisch stellen – ein Fulltime-Job. Die Kinder fordern, wir sind unzufrieden wegen Unordnung und Dreck und das Gefühl schleicht sich ein, unser ganzes Leben bewege sich nur noch zwischen Windeln und Spielsachen.

Diese Zeiten der Überfülle und manchmal auch der Überforderung sind zum Glück nicht auf Dauer. Solche Zeiten gehen vorbei, oft schneller, als wir denken. Kinder werden so schnell groß. Es ist deswegen gut, einzelne Momente im Alltag – trotz Chaos – genießen zu lernen: Gönnen Sie sich bewusst Zeiträume zum Spielen, Vorlesen, Spazierengehen. Solche Momente bleiben tief in Erinnerung, sie sind kostbare Schätze im Rückblick. Genießen Sie diese Momente auch ganz bewusst. Nehmen Sie sich Zeit zum Schmusen und Dasein, ohne immer an alles zu denken, was noch nicht erledigt ist. Solche Erlebnisse sind wie emotionale Fotografien. Dieses Album der Erinnerung können wir später immer wieder aufschlagen.

➡ *Alltagstipps – vom Minus zum Plus*

Räumen Sie einen Platz auf dem Boden frei, schieben Sie alles Störende zur Seite und legen eine Decke oder einen kleinen Teppich in die frei gewordene Mitte. Dies ist die Insel der Ruhe. Auf diese setzen Sie sich mit Ihren Kindern und singen oder lesen etwas vor, spielen ein Spiel oder schmusen mit Ihren Kindern.

Multioptionsstress

Ein Stress, der jeder Familie heute zu schaffen macht, ist der sogenannte Multioptionsstress: Stress durch die sich rapide verändernde und in ihren Möglichkeiten sich multiplizierende und geradezu explodierende Gesellschaft. Die Gründe dafür sind vielfältig: die dramatische Entwicklung der Computer- und Informationstechnik, Beschleunigung und Verdichtung auch unseres alltäglichen Lebens durch die neuartige weltweit verflochtene Produktionstechnik, sekundenschnelle weltweite Transaktionen und Kommunikationen. Immer mehr findet *vergleichzeitigt* statt und fordert uns heraus zu sogenanntem Multitasking[6], also zur gleichzeitigen Beschäftigung mit mehreren Dingen auf einmal. All dies schwappt auch in unsere Familien und führt zu einer Reizüberflutung, zu Multioptionsstress, dem Stress der vielen Möglichkeiten und dem sich daraus ergebenden permanenten Zwang zur Entscheidung. Wir haben in der postmodernen Gesellschaft keinen allgemeingültigen Stil, sondern vielmehr eine Fülle verschiedenster Stilrichtungen, die alle bruchstückhaft und gleichberechtigt nebeneinander stehen. Wir haben keine verbindlichen Glaubensüberzeugungen und Meinungen mehr, sondern immer mehr Nischen und extremere Subkulturen, in denen Menschen ihren persönlichen

Lebensstil ausleben und gestalten können. Ein bunter Flickenteppich alltäglicher Verhaltens-, Geschmacks-, Erziehungs-, Beziehungs- und Konsummuster. Uns stehen so gut wie alle Möglichkeiten offen: nicht nur in der Berufswahl, auch in der Freizeitgestaltung oder Mode, in der Zeitgestaltung oder in den Meinungen. Wir leben in einer Zeit, in der fast alles toleriert und möglich ist. Freizeitforscher sind zu dem Ergebnis gekommen, dass wir 42 Stunden pro Tag bräuchten, wollten wir alle Möglichkeiten ausschöpfen und alle angeblich sinnvollen und wichtigen Angebote wahrnehmen. Wir hetzen von einer Aktivität zur nächsten, rennen von einer Entspannung zur nächsten, stehen ständig unter Druck und vor neuen beruflichen oder persönlichen Herausforderungen. Schnell entsteht so das Gefühl, gelebt zu werden, anstatt selbst unser Leben zu gestalten. Matthias Horx bezeichnet dieses Gefühl mit dem „großen Zuviel"[7], dies zeigt sich auch in der Fülle des Warenangebotes. Es kann sein, dass ich vor einem Regal stehe, in dem es 50 unterschiedliche Sorten von Olivenöl gibt; sollte ich alle Beschreibungen lesen, bräuchte ich dafür allein schon 20 Minuten.

Daraus resultiert Stress: Ständig stehen wir unter Vergleichsdruck und leiden unter dem Gefühl, möglicherweise etwas zu versäumen oder eine falsche Entscheidung zu treffen.

Auch Familien werden heute mit einer Überfülle von Angeboten konfrontiert. Als Mütter haben wir oft den Eindruck, wir müssten auf alles reagieren, und fühlen uns dafür verantwortlich, dass unsere Kinder von Anfang an richtig gefördert werden. So haben wir Angebote wie Babyschwimmen, Englisch für Dreijährige, den Miniklub, die Kinderkirche, musikalische Früherziehung, Mutter-Kind-Turnen, Entspannungsmassagen für Säuglinge. Jeder Kurs oder jedes Angebot beansprucht eine hohe Bedeutung für die Entwicklung des Kindes. Aber auch das Angebot an angeblich für die Entwicklung des Kindes unbedingt erforderlichen Spielsachen, gesunder Kleidung und kindgerechter Einrichtung kann Eltern heute richtig Stress machen.

Viele Menschen fühlen sich durch diese Überfülle überfordert. Dies zeigt sich in chronischer Zeitnot, Ungeduld, Unfähigkeit, sich zu konzentrieren, Unentschlossenheit (meine Entscheidung könnte falsch sein), ständiger Suche nach neuen Reizen, innerer Unruhe und Aggressivität, enormer Geschäftigkeit. Um auf die Vielfältigkeit zu reagieren, wird im Zeitmanagement, in Lebensläufen und in der Alltagsorganisation eine immer höhere Flexibilität und Spontaneität gefordert. Wir werden zur Unverbindlichkeit und zur Toleranz fast gezwungen. Viele haben Angst, Beziehungen einzugehen, sich endgültig zu binden und

sich dann auch öffentlich dazu zu bekennen. Wenn so vieles in unserer Welt möglich ist an Lebensstilen, Religion, Freizeitgestaltung, Beziehungsgestaltung, Mode- und Meinungsgestaltung, sind viele Menschen verunsichert.

Wege aus dem Stress – Weniger ist mehr

➡ *Komplexitätsreduktion – vom Minus zum Plus*

Der Stress der Multioptionsgesellschaft schwappt auch in unsere Familien hinein. Deswegen ist es gut, diese Vielfalt und Überfülle zu reduzieren. Weniger ist mehr. Gerade in einer Zeit der Überfüllung und Überreizung ist es wichtig, Grenzen zu setzen, die uns und unsere Kinder vor permanenter Überforderung schützen.

Dies geschieht zum Beispiel durch einen klaren Tagesrhythmus. In bestimmten Zeiträumen soll und darf Bestimmtes geschehen, in anderen Zeiträumen ist dies tabu. Also klare Regelungen für Fernseh- und Computerzeit, für Hausaufgaben, Spiel und Bewegung, für gemeinsame Mahlzeiten und Zeiten des Vorlesens.

Eltern tragen mit zu dem Stress und zur Unzufriedenheit der Kinder bei, indem sie die Kinder zu viele Entscheidungen selbst treffen lassen. So werden schon Zweijährige oft gefragt: *Was willst du anziehen / essen / spielen?* Eine Frage, die Kinder völlig überfordert. Sie würden sich sicherer und besser fühlen, wenn sie einen klaren Rahmen hätten, der ihnen vorgegeben ist und innerhalb dessen sie sich bewegen können.

Komplexitätsreduktion geschieht auch in der Stille. Leben aus der Stille vor Gott bedeutet: Mein Leben wird geordnet und strukturiert, mein Verhalten wird korrigiert und ausgerichtet, mein Leben wird gefüllt mit Frieden von Gott. Dieser Raum des Gesprächs mit Gott hilft, offene Fragen auszuhalten und abzuwarten, Dunkelheiten und unerfüllte Sehnsüchte vor ihm auszubreiten und sich von ihm und seiner Liebe füllen zu lassen. So wird diese Zeit vor Gott ein Ort der Kraft und Hoffnung, an dem ich mich mit Freude, Zuversicht und Vergebung füllen lassen kann.

Kinder spüren, ob wir aus einer solchen Mitte heraus leben. Das macht uns glaubwürdig. Sie erfahren, dass genau das, was uns als Mütter oder Eltern guttut, auch für sie selbst schön ist: still werden, indem wir einfach nur sitzen, etwas vorlesen, miteinander Musik hören, aus dem Fenster schauen (das Spiel des Windes, den Schneefall beobachten, auf den Regen hören, die Wärme der Sonne genießen).

Unsere Multioptionsgesellschaft fordert so viel von uns und oft ist es genau das Wenige, was uns guttut.

Wir müssen auch den Alltag der Kinder nicht mit Terminen vollstopfen und jede Minute durchorganisieren, damit möglichst viele Events und Ereignisse darin vorkommen. Unser Leben ist nicht nur dann gut, wenn es vollgepackt ist mit Aktivitäten und Terminen. Sondern gerade das Stillwerden konzentriert unser Leben in neuer Weise und gibt ihm eine neue und andere Qualität.

Wenn wir Menschen sind, die aus dem Gespräch mit Gott leben, können wir auch mit unseren Grenzen besser umgehen. Manche haben Begrenzungen im körperlichen oder im zeitlichen Bereich. Manche sind durch äußere Umstände eingeschränkt. Die Dinge akzeptieren zu lernen, die wir nicht ändern können, ist immer besser, als an den falschen Stellen durch Ärger und Wut unsere Kräfte zu verschwenden. So können wir zufrieden werden mit dem, was wir haben und vorfinden. Menschen, die es mit sich selbst aushalten können, die bei sich sein können. Und manches können wir dann auch loslassen: zu hohe Erwartungen und Wünsche, zu viele Aktivitäten und Termine.

➡ *körperliche Aktionen*

Zum Abbau stressbedingter Aggressionen hilft ein ausgewogener Lebensstil. Manche, die ein hohes Aggressionspotenzial in sich tragen, haben ent-

deckt, dass **Bewegung** ein gutes Mittel ist, um Aggressionen abzubauen und sich ausgeglichener zu fühlen. Sich körperlich zu betätigen, Sport zu treiben, tanzen, wandern, schwimmen ist eine Möglichkeit, die emotionale Kraft positiv umzusetzen.

Eine weitere Möglichkeit: eine größere **Aktion**, die wir schon lange vor uns herschieben, umsetzen (Großputz eines Zimmers, Grundreinigung des Kellers, Aufräumen des Dachbodens, Fensterputzaktion).

Mit Wut im Bauch kann man oft ganz ergiebig arbeiten und hinterher geht es einem besser – auch der Sport hat einen ähnlichen Effekt. Es geht uns dabei nicht nur körperlich besser, sondern auch psychisch, denn in solchen arbeitsintensiven Situationen entsteht ein innerer Dialog oder ein Streitgespräch mit dem Menschen, der uns ärgert, oder mit der Situation, mit der wir nicht zurechtkommen. Dabei entstehen wichtige innere Prozesse. Oft haben wir hinterher auch eine Lösung für einen Konflikt gefunden.

Auch Kinder brauchen viel Bewegung und wenig Fernsehen. Das Fernsehen trägt mit zur Überforderung und Reizüberflutung und damit zu aggressivem Verhalten bei. Wenn Kinder fernsehen, dann brauchen sie ebenso viel Zeit, wie sie vor dem Fernseher oder PC verbringen, zum Abbau der dort angestauten Aggressionen. Selbst wenn die

Inhalte nicht aggressiv sind, so ist schon das Sitzen und die alle drei Sekunden wechselnden Bilder eine völlige Überforderung für Kinder. Fernsehen und PC-Spiele entsprechen nicht der kindlichen Psyche. Viele PC-Spiele oder Filme machen zusätzlich aggressiv, ja steigern das Aggressionsniveau, weil Gewalt verherrlicht wird oder, wie in PC-Spielen, regelrecht eingeübt wird.

Manfred Spitzer kommt zu dem Ergebnis, dass Fernsehen Kinder dumm macht. In seinem neuen Buch[8] warnt Spitzer vor den Folgen des übermäßigen Bildschirmkonsums. Er argumentiert mit Ergebnissen aus der Hirnforschung. Konsequent legt er dar, wie der Fernsehkonsum langsam das Gehirn in seiner Struktur verändert. Und je jünger der Zuschauer ist, desto gravierender sind die Auswirkungen.

Kinder brauchen reizarme Zeiten und Ruhezeiten, in denen sie sich ganz allein und still – ohne äußere Reize wie Musik oder flimmernde Bilder – in Ruhe beschäftigen können. In solchen Phasen entfaltet und entwickelt sich Kreativität, Neugier und Interesse.

Kinder brauchen Bewegung an der frischen Luft, die Möglichkeit, im Garten, auf dem Spielplatz oder in der freien Natur Bewegung zu erleben und ihre Kräfte zu entfalten. Bauen mit Holz, Sand oder Schlamm, Wettkämpfe mit Wurfspielen, Laufen, Versteckspiele, Suchspiele, Geländespiele – all dies ist für die kindliche Entwicklung von entscheidender Bedeutung.

Schuldgefühle

Schuldgefühle oder auch ein schlechtes Gewissen können zweierlei Ursachen haben. Der eine Grund für Schuldgefühle ist konkrete Schuld. Wir verletzen einen anderen Menschen, entwürdigen ihn. Wir waren lieblos, haben gerichtet oder vernachlässigt, haben unseren Egoismus in den Mittelpunkt gestellt.

Schuldgefühle können auch dann entstehen, wenn wir etwas nicht getan haben, was wir hätten tun sollen. Wir haben Schuldgefühle im Blick auf Versprechungen, die wir gegeben und nie erfüllt haben, unvollständig Verwirklichtes, Entwürfe, die nicht zu Ende geführt wurden, eine Bitte, die nicht erfüllt wurde.

Der andere Grund sind zu hohe Erwartungen, damit verbunden eine innere Programmierung auf Leistung und Perfektion. Viele Menschen leiden ständig unter solchen Schuldgefühlen. Wenn diese zum Lebensbegleiter werden, können sie uns sehr aggressiv und unausgeglichen machen. Schuldgefühle rufen in uns Versagensängste hervor, machen uns ein schlechtes Gewissen, verunsichern uns, führen zu ständiger negativer Beurteilung unserer selbst.

Ein Schuldgefühl muss nicht unbedingt mit konkreter Schuld zu tun haben. Es gibt Menschen, die fühlen sich ständig schuldig, obwohl sie nicht unbedingt etwas Falsches getan haben. Menschen mit ausgeprägtem Schuldbewusstsein haben nicht nur Schuldgefühle, wenn sie etwas Falsches getan haben, sondern auch, wenn sie etwas Gutes unterlassen haben. Bei manchen Menschen kann das so extrem werden, dass sie aus Schuldkomplexen überhaupt nicht mehr herauskommen, dass Schuldgefühle richtig zwanghaft werden oder zu Zwangsgedanken und Vermeidungsstrategien führen. *„Je weniger ich tue, desto weniger Gelegenheiten gibt es, schuldig zu werden."*

Es gibt allerdings auch Menschen, die bewusst Schuld begehen und dabei keine Schuldgefühle haben, weil sie in einem Milieu aufgewachsen sind, in dem gar kein Unrechtsbewusstsein bei Fehlverhalten (wie z.B. Diebstahl oder Lügen) ausgebildet wurde. Diese empfinden ein Schuldgefühl vielleicht eher dann, wenn sie den Erwartungen der Familie im Blick auf Verbrechen oder Hinterlist nicht gerecht werden.

Schuldgefühl ist also das Empfinden eines Unterschieds zwischen den an mich gestellten Erwartungen und meiner Wirklichkeit, die Kluft zwischen Ideal und Istzustand, zwischen den hohen Zielen und dem, wie ich mein Leben vorfinde. „Ein Mensch empfindet jedes Mal dann ein Schuldgefühl, wenn er eine Niederlage in einer Sache erleidet, mit der er sich identifiziert hat", so P. Tournier[9]. Wenn wir uns also mit zu hohen oder falschen Zielen identifizieren und unseren Selbstwert davon abhängig machen, wie wir diesen Zielen gerecht werden, dann empfinden wir beim Scheitern oder Misslingen Schuldgefühle.

Jeder Mensch hat Schuldgefühle. Sie entstehen schon ganz früh, und zwar immer dann, wenn das Kind das Gefühl hat, sich falsch verhalten zu haben, wenn es Angst hat, die Liebe der Eltern zu verlieren. Daraus folgt ein Gefühl der Minderwertigkeit, ein Gefühl des Nicht-angepasst-Seins, nicht gehorsam zu sein, den Erwartungen nicht zu entsprechen. So strengt sich das Kind an, es das nächste Mal besser, es den Eltern recht zu machen. Aber es wird ihm nicht gelingen, es wird wieder etwas falsch machen, wird wieder Schuldgefühle haben. Diese Prägung begleitet uns unser Leben lang, wenn nicht eine Umprägung, eine Veränderung der inneren Bewertungsmuster stattfindet.

Dabei sind unsere Prägungen durch Erziehung und soziales Umfeld sehr unterschiedlich, manche erleben Schuldgefühle, wenn ihre Küche nicht ordentlich aufgeräumt ist oder die Betten am Abend noch nicht gemacht sind, wie die Mutter das immer tat. Eine andere Frau hat dabei überhaupt keine Schuldgefühle, denn sie ist sowieso ordentlicher als ihre Mutter oder sie hat sich von deren Urteil gelöst.

Manche Mütter haben Schuldgefühle, wenn sie ihre Kinder anschreien. Andere finden das total normal, weil sie es selbst als Kinder auch nie anders erlebt haben.

Eine hat Schuldgefühle, wenn sie sich mal etwas Schönes kauft. Eine andere hat Schuldgefühle, wenn sie in unordentlicher Kleidung herumläuft, weil sie so erzogen wurde, immer ordentlich und adrett gekleidet zu sein. Wenn sie sich nicht jeden Monat etwas Neues anschafft, entwickelt sie ein Schuldgefühl.

Manche entwickeln ein Schuldgefühl, wenn andere sie böse anschauen, und deuten den kritischen Blick eines Menschen auf der Straße gegen sich. Die andere denkt: *Menschen, die die Welt mit einem so negativen Blick betrachten müssen, tun mir leid.*

Manche haben Schuldgefühle im Blick auf die eigene Figur, sie messen sich an den Models in den Zeitschriften oder an der Nachbarin, die regelmäßig Sport treibt. Eine andere genießt fröhlich das Essen und ein gemütliches Leben und fühlt sich dabei überhaupt nicht schlecht.

Manche haben Schuldgefühle im Blick auf ihr Glaubensleben: Sie denken, sie seien nicht fromm genug, würden nicht genug in der Bibel lesen, zu wenig beten. Andere freuen sich in großer Gelassenheit ihrer Beziehung zu Gott und sind jeden Tag dankbar dafür.

Hinter Schuldgefühlen steckt letztlich immer die Angst, die Anerkennung anderer Menschen oder die Liebe Gottes zu verlieren.

Wege aus den Schuldgefühlen

So wie es unterschiedliche Ursachen für Schuldgefühle gibt, müssen auch die Wege heraus verschieden gegangen werden

➡ *Mut zur Unvollkommenheit –*
   Vom Minus zum Plus

Kommen die Schuldgefühle aus einer Fixierung auf zu hohe oder falsche Ziele, ist es hilfreich, diese zu erkennen und zu benennen. Die angebotenen Ziele für ein angeblich erfülltes Leben sind vielfältig: Wir wollen gute Eltern sein und gleichzeitig im Beruf erfolgreich, vor den Nachbarn gut dastehen, viele Freunde haben und diese Beziehungen pflegen, sportlich fit sein, unsere Figur soll den gängigen Werbebildern entsprechen, wir möchten interessante Hobbys vorweisen, geistig fit und belesen sein, Garten und Haus gut gestaltet und eingerichtet haben, wohlerzogene oder wohlgelungene Kinder vorweisen können, einen ansprechenden Freundeskreis pflegen und gute Gastgeber sein.

Wenn wir all diesen und evtl. noch weiteren Erwartungen entsprechen wollen, kommen wir immens unter Druck. Wenn wir oder die Kinder nicht dem inneren Idealbild entsprechen können, entwickeln wir Schuldgefühle, werden unausgeglichen, aggressiv und wütend. Nach einem Besuch bei Freunden denken wir: *„Bei anderen ist es immer ordentlicher, aufgeräumter, sauberer, die Kinder sind netter, freundlicher, höflicher – und bei uns sieht es so anders aus …"*

Manche Mütter vergleichen sich ständig mit anderen Müttern und entdecken bei diesen alle Vorteile, die sie nicht haben. Jedes Mal wenn ein Rundbrief von anderen Familien kommt und alle Erfolge der Kinder aufgezählt werden, kommen

Schuldgefühle und ein schlechtes Gewissen hoch: Bei anderen funktioniert alles viel besser, die Kinder sind etwas geworden, sind besser und können es besser. Diese Beobachtungen führen dann oft erst recht zu Frustrationen und in der Folge dann zu aggressivem Verhalten – den eigenen Kindern gegenüber *("Könnt ihr euch nicht mal ein Beispiel nehmen an ...")*, dem Ehemann gegenüber *("Wenn du dich besser kümmern würdest, dann würde das besser in der Erziehung klappen.")*, sich selbst gegenüber *("Ich bin unfähig zum Erziehen, ich bin eine schlechte Mutter ...")*. Oft reagieren Eltern nach solchen Erlebnissen strenger oder ärgerlicher als sonst. Daraus entwickelt sich ein Teufelskreis zwischen Eltern und Kindern. Das nächste Schuldgefühl für das aggressive und lieblose Verhalten ist bereits vorprogrammiert und die Kinder sind ebenfalls durch Frustrationsäußerungen der Eltern aggressiv. Kinder fühlen sich durch hohe Erwartungen der Eltern unter Druck gesetzt und stehen in der Gefahr, aus einem zu engen System auszubrechen.

Es ist gut, auch in der Ehe über solche emotionalen Teufelskreise zu sprechen und sie miteinander zu analysieren. Männer sehen solche Situationen oft nüchterner und sachlicher.

Der Mut zur Unvollkommenheit hilft uns zur Gelassenheit, hilft uns, unsere Grenzen und Fehler besser zu erkennen und dann auch dazu zu stehen. Es ist ein wichtiger Lernprozess im Leben, mit den Grenzen zu leben, nicht gegen sie. Es kann sehr befreiend sein, das Leben mit anderen zu teilen, und zwar nicht nur die positiven Seiten, sondern auch die Schattenseiten. *„Ich stehe dazu, dass meine Wohnung nicht so perfekt aufgeräumt ist, nicht so schön ordentlich wie die meiner Freundin oder nicht so, wie ich es von mir selbst erwarte."* Auf diese Weise werden wir im Umgang miteinander echt, wir teilen das Leben in der ganzen Breite – Positives und Negatives.

Dazu gehört auch, dass wir uns bewusst machen, dass wir nicht alle Forderungen oder Erwartungen der Kinder erfüllen müssen, wir dürfen auch Grenzen setzen und dazu stehen. Selbst wenn ich eine perfekte Mutter sein will und mich noch so bemühe, werde ich immer Fehler machen. Wir Menschen sind unvollkommene Wesen und die fehlerfreie Erziehung und die perfekten Eltern gibt es nicht. Wer das erkennt, der kann mit sich und mit anderen barmherziger werden[10].

Es gibt übrigens auch keine perfekten Kinder. Kinder müssen auch Fehler machen dürfen, müssen spüren, dass sie auch unvollkommen und unperfekt geliebt und angenommen sind. Wir dürfen unsere Liebe zu den Kindern nicht von deren Perfektion abhängig machen. Denn dann werden wir nie an dem Punkt sein, wo wir sie für liebenswürdig halten – denn Menschen sind fehlerhaft. Und das Wesen der echten Liebe ist ja gerade, dass sie bedingungslos liebt.

➨ *Alltagstipp – vom Minus zum Plus*

Aggressionen im Familienalltag sind ein Signal, das Gespräch miteinander zu suchen. Sie zeigen uns, dass etwas geklärt werden muss.

Dabei ist es wichtig,
– dass wir in Würde miteinander umgehen.
– dass wir unterscheiden zwischen Sache und Person, also zwischen dem, was jemand tut, und dem, was er oder sie ist.
– nicht die Person anzugreifen, sondern die Sache. *Mir ist aufgefallen, dass ... – Oder: Ich finde nicht richtig, wenn ...* Nicht einander niedermachen, sondern uns sachlich auseinandersetzen.

„Eine linde Antwort stillt den Zorn; aber ein hartes Wort erregt Grimm" (Sprüche 15,1).

Wir müssen als Eltern unsere Kinder zurechtweisen, aber wir dürfen ihnen dabei nicht die Würde nehmen. Schon im Tonfall wird das deutlich, wie ich etwas sage: ob ich das Kind anbrülle oder ob ich in Ruhe und Augenkontakt mit ihm darüber rede und ihm im Gespräch dabei trotz allem noch Wertschätzung vermittle.

Wir müssen ihnen sagen, wenn wir traurig über etwas sind oder etwas nicht verstehen, aber ihnen vermitteln, dass wir sie trotzdem noch lieben und dass wir ihnen zutrauen, es das nächste Mal anders zu machen.

Sehen Sie auch **Aggressionen und Wut oder Trotz** der Kinder nicht als Angriff auf Sie persönlich, sondern fangen Sie kleine Kinder in ihren Aggressionen auf, wehren Sie sie nicht ab. Lassen Sie es zu, wenn Kinder wütend sind und helfen Sie ihnen, das äußern zu können, was wirklich dahintersteckt. Wenn wir gleich mit Strafen reagieren, dann verschlimmern wir den Druck in den Kindern und das nächste Mal wird es wieder so oder so ähnlich oder schlimmer ablaufen. Kinder mussen sagen können, was sie beschäftigt oder belastet. Sie müssen spüren, dass wir es hören und mittragen wollen. Halten Sie die Verletzung mit ihnen aus und schenken Sie ihnen den Raum der Geborgenheit.

Aggressionen sind ein Signal, **ein Hilferuf nach Liebe, nach Geborgenheit.** Ein Kind drückt damit einen Mangel oder einen Bedarf aus. Fragen Sie sich: *Was würde mir an der Stelle des Kindes jetzt helfen?* Wenn ein Kind emotional so unausgeglichen ist, dann sind wir in unserer Fantasie gefragt, wo wir dem Kind Hilfe geben können. *Wo* *oder warum ist es jetzt überfordert, überreizt, ungeborgen, verletzt?*

Pubertierende Kinder können in ihren Aggressionen oft sehr verletzend sein. Trotzdem ist es wichtig, ihnen gut zuzuhören, aber nicht jedes Wort auf die Goldwaage zu legen. Pubertierende sind emotional oft sehr unausgeglichen und brauchen umso mehr unsere Wertschätzung und unsere Vorschuss-Liebe.

> *„Alle Bitterkeit und Grimm und Zorn und Geschrei und Lästerung seien fern von euch samt aller Bosheit. Seid aber untereinander freundlich und herzlich und vergebt einer dem andern, wie auch Gott euch vergeben hat in Christus"*
>
> *(Epheser 4,31-32).*

Jeder Mensch ist von Gott geschaffen und geliebt, jeder Mensch hat Würde, denn Christus hat sein Leben für alle gegeben, auch für die, die uns manchmal das Leben so schwer machen.

➡ **Unterscheiden zwischen echter Schuld und falschen Schuldgefühlen – vom Minus zum Plus**

Neben Schuldgefühlen, die aus zu hohen Erwartungen und dem Zwang zur Perfektion geboren sind, gibt es auch Schuldgefühle, die mit konkreter Schuld zu tun haben. Echte Schuld wird mir von Gott aufgezeigt – im Gebet, im Lesen in seinem Wort oder auch im Gespräch mit anderen Christen.

Ein falsches Schuldgefühl entsteht, wenn uns in unserem Tun Minderwertigkeitskomplexe und Angst leiten, wenn wir Menschen mehr gehorchen als Gott, wenn wir die Meinung anderer für wichtiger halten als Gottes Reden über unser Leben. Jedes Schuldgefühl, das durch das Urteil von Menschen hervorgerufen wurde, ist ein falsches Schuldgefühl, wenn es nicht durch ein Urteil Gottes bestätigt wird.

In manchen Gesellschaften ist es zum Beispiel strafbar, Christ zu sein – und doch leben diese Menschen dann im Gehorsam gegenüber Gott. Gesellschaftlich gesehen könnten sie Schuldgefühle entwickeln, wenn sie gegen die menschlichen Gesetze handeln, aber sie sind der größeren Autorität Gottes unterstellt und darum frei von der gesellschaftlichen Norm.

Wahre Schuld ist das, was Gott mir durch seinen Heiligen Geist zeigt. Deswegen ist die wirkliche Schuld oft eine andere als die, worauf sich das

Schuldgefühl bezieht. Von falschen Schuldgefühlen werden wir umso unabhängiger, je mehr wir von Gott abhängig werden.

➡ *Konkrete Schuld abladen und loslassen – vom Minus zum Plus*

Wenn ich Schuld erkenne, darf ich damit vor Gott treten und ihn um Vergebung bitten. Ich darf wissen, dass Gott mir seine Vergebung und einen Neuanfang schenken will.

Häufig aber versuchen wir selbst, das Ganze wieder gutzumachen: Entweder wir drehen uns ständig um das eigene Ich, um unser Ansehen. Wir ärgern uns über die eigene Unfähigkeit und steigern uns vielleicht in eine Mischung aus Selbstmitleid und Selbstabwertung hinein.

Umkehr zu Gott zeigt sich in echter Reue, sie drückt eine innere Haltung aus, hat auch den anderen im Blick, dem man wehgetan hat. Es ist ein Weg heraus aus Selbstmitleid hin zur Verantwortlichkeit und zur Ehrlichkeit.

Wenn ich auf meine Schuldgefühle fixiert bin, richte ich meinen Blick auf die Vergangenheit. Obwohl ich nichts mehr daran ändern kann, kreise ich in Gedanken ständig darum – und versuche das Geschehen rückgängig zu machen: *„Hätte ich doch ..."*

Umkehr zu Gott schaut in die Gegenwart und Zukunft, gibt Schuld zu und bereinigt sie, wo es möglich ist. Dann aber dürfen wir die Vergangenheit ruhen lassen, Gott vertrauen, dass er es gutmacht und aus meinen Fehlern auch noch Gutes schaffen kann. Den Mist, den ich produziert habe, kann Gott in Dünger verwandeln!

Das Kreisen um Schuldgefühle ist aus einer falschen Haltung geboren: *Ich will bezahlen, ich muss etwas wiedergutmachen.* Umkehr zu Gott meint: Christus hat für mich bezahlt und gelitten. Dem kann ich nichts mehr hinzufügen. „Die Strafe liegt auf ihm, auf dass wir Frieden hätten, und durch seine Wunden sind wir geheilt" (Jesaja 53,5).

Ich muss nicht auf meine Fähigkeit setzen, Schuld zu bezahlen, sondern allein auf Gottes Vergebung.

Falsche Schuldgefühle erniedrigen mich selbst. *Ich bin nicht genug, ich kann nichts, bin nichts...*

Reue gibt mir ein neues Wertgefühl. Ich bin wertvoll in Gottes Augen, er hat für mich bezahlt, für mich gelitten. Ich bin als Gegenüber zu ihm geschaffen und wertvoll in seinen Augen, sein Ebenbild, mit Aufgaben für diese Welt betraut.

Falsche Schuldgefühle führen zu oberflächlichen Veränderungen oder zu Stillstand in der Persönlichkeit. *Am besten, ich mache gar nichts mehr.* Wer nichts tut, macht auch keine Fehler. Aus Angst vor Fehlern resignieren wir und entziehen uns unserem Auftrag und unserer Verantwortung.

Echte Reue treibt mich in diese Welt hinaus. Das Erbarmen Gottes mit mir gilt auch den anderen Menschen. Ich muss nicht perfekt sein, ich darf auch Fehler machen, aber ich werde gebraucht.

Ein gutes Beispiel für die unterschiedliche Art, mit Schuld umzugehen, sehen wir in der Passionsgeschichte bei Judas und Petrus. Judas versucht, selbst mit der Situation fertig zu werden: Er richtet sich selbst, er wendet sich nicht an Christus, er kehrt nicht um, sondern setzt seinem Leben in tiefer Verzweiflung und Selbstanklage ein Ende.

Petrus bereut und weint. Er ist auch tief verzweifelt, aber er wird darin von Christus gesehen. Er lässt sich von Jesus anblicken und er bekommt von Christus nach dessen Auferstehung einen neuen Auftrag. Nach menschlichem Ermessen und im Blick der eigenen Beurteilung hätte er das nicht verdient. Aber Christus ist der Gnädige, der mit Sündern neu anfängt – mit Petrus und auch mit uns.

Leben aus der Vergebung bedeutet darum die Gewissheit: Für all die belastenden Dinge unseres Lebens, für all die Dinge, die uns niederdrücken oder traurig machen könnten, ist Christus gekommen. Er bietet uns seine Vergebung an. Er will uns aus unseren Löchern von Depression, Minderwertigkeitskomplexen, aus Selbstverurteilung und Aggression herausholen. Er will uns von den Lasten der Vergangenheit befreien. Wir dürfen loslassen und frei werden zu einem neuen Anfang und zu veränderten Beziehungen mit unseren Mitmenschen. Christus ist gekommen, um uns zu vergeben und uns die Möglichkeit zu geben, Vergangenes ganz loszulassen – auch die Fehler, die wir in der Erziehung gemacht haben, auch die Wunden, die wir mit Aggressionen geschlagen haben. Vergebung verändert unser Wesen, führt uns weg von Selbstrechtfertigungen und falschen Entschuldigungen, macht uns zu transparenten, echten, herzlichen Menschen, die weniger schnell aggressiv reagieren müssen. Vergebung Gottes macht uns barmherziger.

➡ *Alltagstipp – um Vergebung bitten –*
vom Minus zum Plus

Im Epheserbrief werden wir als Väter (und Mütter) ermahnt, unsere Kinder nicht bewusst zur Aggression zu provozieren. „Ihr Väter, reizt eure Kinder nicht zum Zorn, sondern erzieht sie in der Zucht und Ermahnung des Herrn" (Epheser 6,4). Bestimmte Situationen eskalieren immer wieder. Dafür brauchen wir als Eltern Weisheit, wie solche Situationen entschärft werden können und wo wir auch einander um Vergebung bitten sollten. Wenn Eltern sich bei ihren Kindern entschuldigen, dann öffnet das Herzenstüren.

> *„Zürnt ihr, so sündigt nicht; lasst die Sonne nicht über eurem Zorn untergehen"*
> *(Epheser 4,26).*

Wenn Eltern offen werden und vor ihren Kindern zu ihrer Schuld stehen, dann schenkt das Transparenz und Herzlichkeit. Kinder lernen, dass Vergebung eine Möglichkeit der Beziehungsgestaltung und -veränderung ist. So können sie lernen, zu eigenen Fehlern zu stehen – und wissen sich trotzdem noch geliebt.

Nicht nur den Kindern gegenüber, sondern auch in der Ehe brauchen wir immer wieder das klärende Gespräch und die gegenseitige Bitte um Vergebung. Dabei kann es sehr hilfreich sein, darüber zu reden, warum wir an manchen Stellen aggressiv aufeinander reagieren. Häufig missdeuten wir Verhalten oder Aussagen des Ehepartners, weil wir aus unseren jeweiligen Herkunftsfamilien verschiedene Voraussetzungen mitbringen. So verstehen wir manches völlig anders, als es gemeint war, weil es in der eigenen Kindheit eine andere, möglicherweise verletzende oder demütigende Bedeutung hatte.

Nicht der Ehepartner ärgert mich, sondern **ich ärgere mich** über sein Verhalten oder Äußerungen. Der Grund für die Wut liegt möglicherweise gar nicht beim anderen. Es ist nicht seine Absicht, mich zu verletzen, sondern ich lasse mich verletzen. In mir laufen Mechanismen ab, die mich aggressiv werden lassen.

Diese Erkenntnis kann sehr entspannend und wegweisend für neue Kommunikationsformen sein.

Deswegen sollten wir einander vorwurfslos und ohne zu bewerten, fragen:
Was meinst du, wenn du ... sagst?
Was bedeutet es, wenn du ... tust?
Was steckt hinter deinem Verhalten, wenn du ...?
Warum ist dir ... wichtig?

Und natürlich auch umgekehrt:
Wenn ich ... sage, meine ich.
Wenn ich das tue, hat es den Grund, dass ...

Ich vermeide ..., weil ...
Ich wünsche mir ..., weil ...

Verletzungen

Häufig haben Aggressionen ihren tiefsten Grund nicht im Verhalten der anderen, sondern in den Erinnerungen an Verletzungen, die sich in vergleichbaren Situationen abgespielt haben. Solche Verletzungen und daraus resultierend ein niedriges Selbstwertgefühl sind Muster, die uns sehr schnell in unangemessene aggressive Verhaltensweisen abrutschen lassen. Wir reagieren gereizt, haben Angst, die Anerkennung oder die Liebe anderer zu verlieren, missverstehen oder überdeuten die Situation, reagieren aggressiv und dafür hassen wir uns. Diesen Selbsthass geben wir dann wieder weiter an unsere Nächsten und danach wird alles nur noch schlimmer. Zum Schluss stehen wir vor Scherben und Trümmern – ein richtiger Teufelskreis: *„Ich hasse mich dafür, wie ich mit den anderen umgehe; dieser Selbsthass macht mich aggressiv und dann hasse ich mich wieder neu dafür, dass ich so aggressiv war."*

Ein Mann schrieb einmal in einem Abschiedsbrief: *„Ich kann es nicht mehr mit ansehen, wie sehr ich euch alle dauernd verletze. Dabei bin ich doch selbst so verletzt, darum weiß ich keinen an-*

deren Weg mehr, als meinem Leben ein Ende zu setzen."

Je mehr Verletzungen ein Mensch hat, desto aggressiver reagiert er, aber desto liebebedürftiger ist er auch. Wenn ein Mensch viele Verletzungen hat, dann baut er Mauern um sich herum. Es ist so, als ob ein Mensch sich in einem Turm eingemauert hat. Er bewirft alle, die dem Turm zu nahe kommen, mit Steinen oder Dreck. Aber hinter den Mauern des Turmes sitzt ein Mensch, der eigentlich tieftraurig und verletzt ist und Hilfe bräuchte, der herauswill aus dem Turm, aber sich nicht wagt, weil dann die ganzen Lebenswunden sichtbar werden.

Manchmal wundern wir uns, warum wir so aggressiv oder verletzt reagieren. Ganz alltägliche Situationen versetzen uns emotional oft zurück in Erlebnisse von früher, erinnern uns an Vergangenes, das noch ungeheilt in uns rumort. So kann es geschehen, dass wir reagieren wie damals. Wir wehren uns. Wir schützen uns. Wir werden gereizt, reagieren völlig unangemessen, nur weil in uns etwas berührt wird, das noch nicht verarbeitet ist. Wir merken es oft erst an unseren Aggressionen oder auch an den Reaktionen unserer Mitmenschen, dass etwas noch nicht verarbeitet ist. Es gibt Menschen, die ihr Leben lang an Lebenswunden leiden. Solche Lebenswunden können sehr vielfältig und unterschiedlich sein:

- ein Klima der Ungeborgenheit, vielleicht auch der Gewalttätigkeit mit körperlichem oder sexuellem Missbrauch, daraus resultierend zerstörter Selbstwert, ein Gefühl der Wertlosigkeit.
- die Erfahrung, immer an zweiter Stelle gestanden zu haben, oder der immer wiederkehrende Satz: *Wenn du das machst, rede ich nicht mehr mit dir, mag ich dich nicht mehr, will ich dich nicht mehr sehen usw.*
- die Erfahrung, als Kind nicht gewollt gewesen zu sein. Vielleicht war ein anderes Kind mehr geliebt und stand immer im Vordergrund. Vielleicht bekamen wir zu hören: „*Eigentlich wollten wir dich ja nicht mehr.*" – „*Eigentlich solltest du ein Junge (Mädchen) sein.*" – „*Wegen dir mussten wir heiraten.*"
- die Erfahrung, immer den Erwartungen der Eltern genügen zu müssen, sich nicht entfalten zu können: *Meine Mutter wollte Ärztin oder Lehrerin werden, aber wegen mir hat sie dieses Ziel aufgegeben. Jetzt muss ich dieses Ziel verwirklichen, um etwas wiedergutzumachen.* – Oder der Satz der Eltern: „*Weil wir die Firma aufgebaut haben, ist es selbstverständlich, dass du sie weiterführst.*" – So definieren Eltern ihren eigenen Wert über ihre Kinder.
- Die Eltern haben Chaos verbreitet, konnten nicht fair miteinander umgehen oder haben sich sogar scheiden lassen. Das hinterlässt in

Kindern tiefe Verletzungsspuren. Kinder lieben immer beide und brauchen zu beiden eine gute Beziehung. Scheidung gibt den Kindern das Gefühl, dass ihnen der Boden entzogen wird oder das Dach über dem Kopf fehlt.
- Die Eltern waren süchtig nach Spiel, Sex, Kaufen, nach Drogen, Alkohol, Tabletten oder hatten eine Essstörung. Auch solche Erfahrungen verunsichern zutiefst im eigenen Wertempfinden.

Immer wenn ein Mensch mit verletzenden Vergangenheitserfahrungen in Situationen gerät, die ihn emotional wieder damit konfrontieren, reagiert er verunsichert und damit möglicherweise auch schnell aggressiv. Solche Verletzungserinnerungen werden dann zu Auslösereizen für Impulsdurchbrüche. In der Psychologie nennt man das auch „Trigger". Emotional belastende oder demütigende Ereignisse lassen uns die Kontrolle verlieren. Wir verletzen unsererseits wieder andere Menschen – den Ehepartner, die Eltern, Geschwister oder die eigenen Kinder. Es ist, als ob wir uns selbst damit bestrafen oder demütigen wollten, indem wir die Situation emotional nochmals durchleben oder sogar hervorrufen. Wir befinden uns zwar auf der Erwachsenenseite, aber der Schmerz, den wir spüren, ist derselbe wie der, den wir damals als Kind durchlitten haben.

Es gibt natürlich auch Verletzungen, die nicht so weit zurückliegen: im Kindergarten in die Ecke gedrängt, in der Schule gemobbt, in der Ausbildung gequält werden. In der Ehe vergewaltigt oder misshandelt zu werden – oder auch schweres Leid zu erleben.

Menschen, die durch Scheidung, Verlust von Freundschaften, üble Nachrede oder den Tod eines Menschen schwere Verluste erlitten haben, können sich oft nur durch Aggressionen schützen.

Auch solche noch unverarbeiteten Erlebnisse können uns aggressiv machen. Wir wollen nicht daran erinnert werden und wenn es doch geschieht, reagieren wir wütend oder verletzend, mit Vorwürfen oder Hass.

Nach dem Tod eines Menschen sind wir oft wütend auf den, der uns „verlassen" hat, obwohl derjenige gar nichts dafür kann. Oder wir sind zornig auf Gott, der das zugelassen hat.

➥ *Aggressionen sind ein Signal, nach innerer Heilung zu suchen – vom Minus zum Plus*

So verletzte Menschen brauchen eine bewusste Entscheidung, ihre Lebensverletzungen aufarbeiten zu wollen. Wenn sie nicht bewusst Heilungsschritte gehen wollen, dann bleiben sie ein Leben lang in der Vergangenheit verhaftet, bleiben in kindlichem, in trotzigem, in rückwärtsgewandtem oder aggressivem Verhalten stecken. Ihr Leben bleibt eingeschränkt und schmalspurig. Aber wenn sich nun solche Menschen entschließen, Heilung zu wollen, braucht es Zeit und Geduld, bis sie Heilung erleben. Innere Heilung ist ein Weg, der nicht geradlinig verläuft, sondern immer wieder über Umwege und Rückschläge. Es ist ein Weg, der immer wieder neu eine Entscheidung braucht, weiterzugehen.

Es ist der vielleicht hilfreichste Schlüssel im Umgang mit unseren Aggressionen, den Lebensverletzungen nachzuspüren und sich zu öffnen, an den Punkten, wo Wunden bluten. Wir müssen lernen, das anzuschauen, was in solchen Erinnerungssituationen in uns vorgeht, dem nachzuspüren, was uns so wehtut und warum eigentlich. Wenn wir unser Leben auch da öffnen, wo Wunden in uns bluten, wo das Leben tiefe Spuren hinterlassen hat, die heute noch wehtun, dann ist dies ein Weg aus solchen Aggressionsausbrüchen heraus. Das Erinnern kann ein längerer und mühevoller Prozess sein. Wenn wir dann aber erkennen, was mit uns geschehen ist, dann sind unsere ersten Gefühle oft das Nicht-wahrhaben-Wollen *(das kann nicht sein, dass mir das passiert ist)* oder auch Beschönigen *(so schlimm wird es schon nicht gewesen sein)*. Später dann folgt Entsetzen, Aggression und Wut. Es kann nötig und wichtig sein, zuerst Wut zuzulassen. Aber wir dürfen darin nicht stecken bleiben, sondern wir müssen hinter die Mauern der Wut schauen. Dahinter ist das wichtigere und eigentliche Gefühl versteckt: die Trauer und der Schmerz über die Verletzungen, die Verunsicherung und die Ungeborgenheit. Hinter den hohen Mauern der Aggressionen ist ein weinendes, verletztes Kind. Dieses müssen wir entdecken und – bildlich gesprochen – auf den Arm nehmen. Wir sollen und dürfen mit diesem Kind weinen und den ganzen Schmerz Gott hinhalten.

Wenn wir dieses Stadium des Heilungsprozesses erreicht haben, sind wir wohl am schwierigsten und schmerzhaftesten Punkt angelangt. Spätestens hier wehren sich viele Menschen gegen ihre Heilung. Denn Aggression und Wut sind viel schönere Gefühle als Trauer und Schmerz. Solange ich noch wütend und aggressiv bin, lasse ich den tiefsten Schmerz noch nicht an mich heran. In der Aggression bin ich noch selbst aktiv. Ich beherrsche das Geschehen noch, wenn auch im Negativen. Aber wenn ich anfange zu trauern, dann bin ich hilflos und ohnmächtig, fühle mich verloren. Trauern tut viel mehr weh als Wut. Aber ohne Trauer und Klage werden wir auch keine wirkliche Heilung erleben.

Wir dürfen vor Gott trauern und klagen. Die Bibel ist voll von Beispielen, wie Menschen trauern und klagen. In den Klageliedern oder in den

Psalmen finden wir immer wieder diese bekannten Fragen an Gott: „Herr, warum ist mir das passiert, warum hast du das zugelassen? Warum hast du mich verlassen, warum geht es mir so schlecht?" Wir dürfen unser Herz vor Gott ausschütten und vor ihm über den Verletzungen unseres Lebens weinen. So wie wir einen Eimer mit Putzwasser wegschütten, dürfen wir den Schmerz unseres Herzens vor ihm ausschütten.

> „Hoffet auf ihn allezeit, liebe Leute,
> schüttet euer Herz vor ihm aus;
> Gott ist unsre Zuversicht"
>
> *(Psalm 62,9).*

Gott wehrt uns damit nicht ab, sondern er will uns darin auffangen und uns in den Mantel seiner Liebe einhüllen.

Gott sagt: *Komm her zu mir, du armer verletzter und verwundeter Mensch, ich will deine Lebenswunden verbinden und deinen Blick wieder aufrichten. Ich will dir deine Lasten abnehmen und dich wieder aufrichten, will dich froh und heil machen und das Dunkle in deinem Leben wegnehmen.* In Matthäus 11,28 werden wir von Jesus aufgefordert: „Kommt her zu mir, alle, die ihr mühselig und beladen seid; ich will euch erqui-

cken." So steht Gott mit offenen Armen da und will, dass wir allen Schmerz bei ihm ausweinen und Heilung durch seine Liebe erfahren. Er hat eine so starke Liebe und damit die Kraft, unsere Verletzungen zu heilen. Er kann uns ein neues Mutter- und Vaterbild schenken. Er will uns trösten wie eine Mutter (Jesaja 66,13). Er will uns mit starker Vaterliebe lieben (Johannes 16,27). Jede Verletzung, über die wir vor Gott geweint und geklagt haben, ist ein Schritt zur Heilung und damit ein Grund weniger zu unangemessenen Aggressionen. Je mehr wir uns auf diese Liebe einlassen, desto mehr Heilung werden wir erfahren. Und dann erfahren wir auch Gottes Trost:

> *Du bist dennoch geliebt, auch wenn du dich selbst schmutzig und wertlos fühlst. Du bist geliebt, auch wenn du vor Trümmern und Scherben stehst. Es gibt immer einen Weg heraus zu neuer Liebe und zu neuer Versöhnung.*
> *"Er selbst, der Vater, hat euch lieb"*
>
> *(Johannes 16,27).*

Gott will uns heilen. Er ist darum in Christus Mensch geworden, um uns von der inneren Zerbrochenheit und den Verletzungen zu heilen, um uns von Schuldverstrickung und den Mächten der Finsternis zu befreien. Er hat für uns geblutet, sich für uns verletzen lassen, um unsere Verletzungen zu heilen.

> *„Fürwahr, er trug unsre Krankheit und lud auf sich unsre Schmerzen"*
> *(Jesaja 53,4).*

Mit dieser Erfahrung können wir aufhören, uns selbst zu verurteilen, und frei werden von aggressiven Mustern – auch dann, wenn andere uns verletzen und verurteilen. Wenn Gott uns in seine Liebe einhüllt und uns heilen darf, dann fallen manche aggressiven Muster von uns ab, so als ob wir einen zu schwer gewordenen Mantel fallen lassen würden.

Wenn wir das erfahren, können wir auch mit Menschen, die uns verletzen, anders umgehen. Wir müssen das Verhalten anderer Menschen nicht gleich in negativer Weise auf uns beziehen. Negative Äußerungen sind dann zunächst Äußerungen der anderen über sich und ihr Empfinden und nicht gleich ein Angriff auf uns. Wir können souveräner mit den Aggressionen anderer umgehen.

Wir können sie segnen, sie in den heilenden Raum der Liebe Gottes hineinstellen, für sie beten und ihnen vergeben. „Vergeltet niemandem Böses mit Bösem. Seid auf Gutes bedacht gegenüber je-

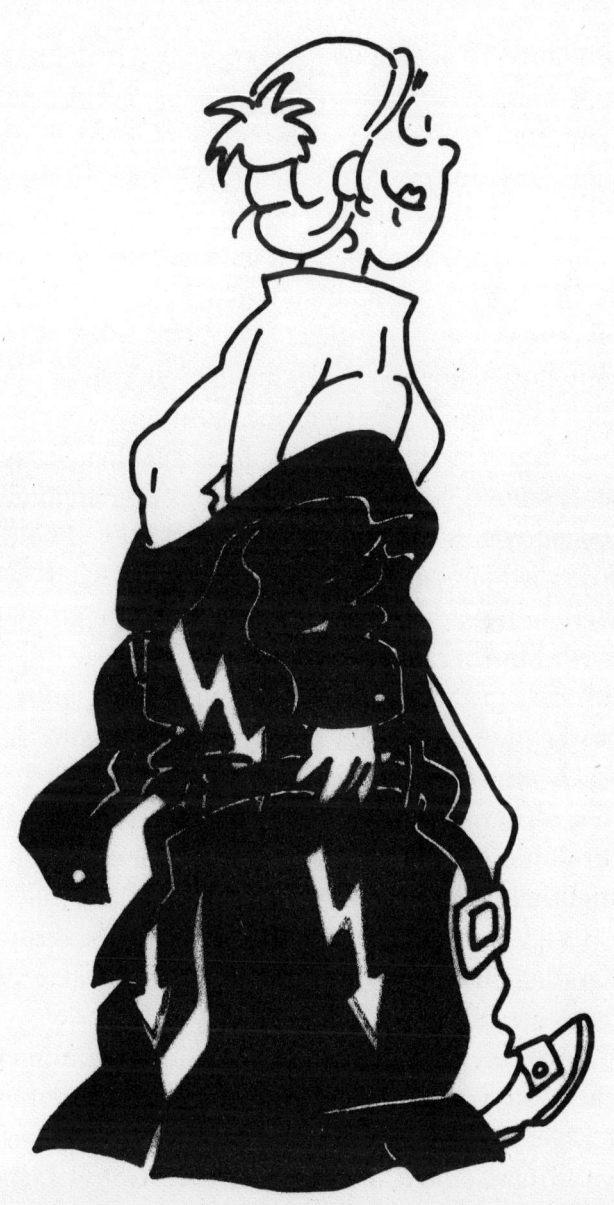

dermann. Ist's möglich, soviel an euch liegt, so habt mit allen Menschen Frieden. Rächt euch nicht selbst, meine Lieben, sondern gebt Raum dem Zorn Gottes ..." (Römer 12,17-19). „Hungert dein Feind, so speise ihn mit Brot, dürstet ihn, so tränke ihn mit Wasser, denn du wirst feurige Kohlen auf sein Haupt häufen, und der Herr wird dir's vergelten" (Sprüche 25,21-22). „Lass dich nicht vom Bösen überwinden, sondern überwinde das Böse mit Gutem" (Römer 12,21).

Das Sammeln feuriger Kohlen auf dem Haupt der anderen ist eine humorvolle Beschreibung dessen, wie es wirkt, wenn wir Menschen, die uns Böses wollen, mit Liebe und Freundlichkeit begegnen. Irgendwann wird ihnen das Gute zu viel, es wird ihnen zu heiß auf dem Kopf, und sie hören auf, uns zu mobben oder uns schaden zu wollen. Das Segnen und Beten für Menschen, die uns das Leben schwer machen oder schwer gemacht haben, öffnet uns auch einen Weg zur Versöhnung mit den Menschen, an denen wir leiden oder gelitten haben.

Es ist wichtig, sich mit den schweren Erfahrungen der Vergangenheit auszusöhnen und zum Frieden zu finden[11].

So können wir mehr und mehr in Beziehungen leben, die von Würde getragen sind. Wir können frei werden von unangemessenen Reaktionsmustern, Gelassenheit lernen und durch Gottes Liebe zu liebenden Menschen werden. Dann wollen wir den Teufelskreis von Verletztwerden und Verletzen durchbrechen und andere Menschen in den Raum der Liebe und Heilung Gottes hineinstellen.

Aggressive Kinder

Aggressive Kinder können Eltern gewaltig auf die Nerven gehen und diese wiederum selbst aggressiv machen. Die genaue Betrachtung der Ursachen kann helfen, solche aggressionsfördernden Situationen zu entschärfen.

1. Kinder wollen sich durch Streiten oft nur die **Beachtung oder Zuwendung durch Mutter oder Vater holen.** Vielleicht fühlen sie sich frustriert, vernachlässigt, benachteiligt gegenüber einem anderen Kind oder ungerecht behandelt und fangen deswegen einen Streit an.
Hilfe: Wenden Sie sich diesem Kind immer wieder gezielt und einzeln zu.

2. Manchmal ist Streit nur die **Lust zur Provokation.** Man will sich einfach am anderen messen, sehen, wer der Bessere, Stärkere, Schnellere etc ist.
Hilfe: Lenken Sie den Streit in Wettspiele oder Wettkämpfe um.

3. Die Überreizung der Kinder ist ein weiterer häufiger Grund, warum Kinder aggressiv oder streitsüchtig werden. Das können ganz bestimmte Erlebnisse sein, mit denen die Kinder nicht fertig werden: ein Film im Fernsehen bzw. das Fernsehen überhaupt, aber auch Lärm, zu viele Spielsachen, Erlebnisse im Kindergarten: Reizüberflutung führt zu aggressiver Grundstimmung.

Hilfe: Die Reduzierung auf Weniger und das Einführen von klaren Zeitabläufen und Tagesrhythmen.

4. Ein weiterer Grund für Streit sind ständig streitende Eltern. Möglicherweise haben sie selbst als Kinder keine Vorbilder dafür gehabt, wie Konflikte untereinander richtig ausgetragen werden können. Disharmonie zwischen den Eltern überträgt sich auf die Kinder. Sie sind immer das schwächste Glied in einer Kette. Die Kinder fühlen sich emotional belastet durch den Streit der Eltern und können das selbst wieder nur durch Streit abreagieren. Die Kinder übernehmen das Verhalten der Eltern: Werden Meinungsverschiedenheiten übertüncht, auf eine andere Ebene verschoben und in Unfreundlichkeiten, Lieblosigkeiten weitergegeben oder werden sie verhandelt, ausgetauscht, bereinigt und beseitigt? Die Kinder lernen von den Eltern, wie man sich vergibt

und wie man sich beieinander entschuldigen kann und wieder versöhnt.

5. Wenn kein ersichtlicher Grund für die Aggression des Kindes ausgemacht werden kann, können folgende Aktionen hilfreich sein.

Hilfen

– **Nachfragen,** was das Kind erlebt hat: *Wurde es geärgert oder gemobbt?* Darüber reden kann viel von dem emotionalen Wirrwarr lösen. Dass wir die Kinder verstehen und ihnen helfen wollen, ist viel hilfreicher, als selbst wiederum mit Wut oder Rückzug oder Gleichgültigkeit zu reagieren oder sogar mit Liebesentzug.

– **Keine Mauern bauen** zwischen sich und dem Kind. Stellen Sie sich auch bei Ungehorsam und Aggression auf die Seite des Kindes und überlegen Sie mit ihm zusammen, was jetzt hilfreich ist. Setzen Sie in Gedanken voraus, dass das Kind ein positives Miteinander will, dass es gehorchen kann. Diese Grundeinstellung sollten wir immer vermitteln. Sie wirkt sich positiv auf unsere Kinder aus.

– **Liebevolle Gedanken im Umgang** mit den Kindern einüben. Kinder sind uns nur geliehen. Sie brauchen positive Zuwendung durch **Lob**, ein gutes Wort, eine Anerkennung, eine Umarmung, eine zärtliche Geste, freundliche Blicke. Körperkontakt und liebevoller Augenkontakt sind Zeichen unserer Liebe. Manchmal brauchen wir als Eltern dazu eine bewusste Entscheidung, ihnen täglich und gezielt durch körperliche Zuwendung Liebe zu zeigen. Es kann sein, dass uns das zunächst schwerfällt, wenn wir es selbst so als Kind nicht erlebt haben. Aber je mehr wir es einüben, desto leichter fällt es uns mit der Zeit. Unsere Kinder erfahren auf diese Weise die Grundgeborgenheit, die sie so dringend brauchen, um stabile und sichere Persönlichkeiten werden zu können.

— Wir sollten unseren **Tonfall** immer wieder kontrollieren und auch Korrektur durch andere annehmen (z.B. durch den Ehepartner). *Kann ich meine Kritik auch ohne lautes Schreien oder lieblose Worte äußern? Gehe ich in Gedanken und Verhalten von der Voraussetzung aus, dass das Kind folgen kann und auch will?*

Hilfen im Umgang mit Streit unter Kindern

Einerseits brauchen Kinder Streit. Er ist für sie häufig eine Form der Kontaktaufnahme oder der Versuch, sich bemerkbar zu machen. Allerdings hat Streit da seine Grenze, wo er dem anderen Kind körperlich oder seelisch schadet und wo die Art und Weise, wie der Streit ausgetragen wird, dem eigentlichen Streitanlass nicht mehr angemessen ist. (Böse Worte werden mit Treten beantwortet, Sticheleien mit Schlägereien ...)

Andererseits sollen Kinder lernen, in guter Weise mit Aggressionen umzugehen mit dem Ziel, dass sie als Erwachsene im Frieden mit anderen zusammenleben können und dabei Meinungsverschiedenheiten oder verschiedene Interessen in angemessener Weise leben und fair austragen können. Deswegen brauchen sie einen Rahmen, innerhalb dessen sie das Streiten lernen.

Fair streiten lernen

Wenn Eltern sich um ein harmonisches Miteinander bemühen, hilft das auch den Kindern. Es wäre falsch, eine Scheinharmonie zu leben, nur damit um des lieben Friedens willen nicht gestritten wird. Wenn wir Konflikte unter den Teppich kehren, wird der Müll unter dem Teppich mit der Zeit zu einem riesigen Berg. Wenn Gefühle nicht offen ausgesprochen werden, bewirkt dies, dass sie unterschwellig weiterbrodeln. Echter Friede ist immer das Ergebnis von Offenheit, von geklärten Konflikten. Dazu gehört: Ich darf sagen, wenn es mir nicht gut geht, wenn ich etwas

Negatives erlebt habe, wenn ich anderer Meinung bin.

Meinungsverschiedenheiten müssen offen geäußert werden, mit dem Ziel, sich zu einigen und miteinander weiterzukommen.

Auch die Frage nach den Motiven kann hilfreich sein: *Warum will ich dies oder jenes unbedingt durchboxen? Was steckt dahinter? Sind es Ängste oder Machtansprüche? Welche Bedürfnisse habe ich und welche der andere?*

Wenn in dieser Weise in einer Familie mit Konflikten umgegangen wird, haben Kinder Verhaltensvorbilder, Beispiele, nach denen sie sich richten können, von denen sie lernen können.

Streiten lassen

Das Optimale ist natürlich, wenn wir die Kinder **streiten lassen** können, weil wir merken, dass sie sich selbst einigen, oder weil wir meinen, dass wir abwarten können, ob sie sich selbst einigen. Dies passiert auch ab und zu. Eingreifen müssen wir aber, wenn ein Kind das andere unterdrückt oder verletzt durch Haare ausreißen, Beißen, Mit-Bauklötzen-Werfen usw.

Möglichst nicht Partei ergreifen

Wenn wir merken, dass wir eingreifen müssen, weil der Streit eskaliert, dann sollten wir nicht Partei ergreifen und uns auf die Seite eines Kindes schlagen. Solche Reaktion wird keinem der Kinder gerecht, denn zu einem Streit gehören immer zwei und die Schuld ist deshalb immer bei beiden zu suchen.

Versuchen, die Sache zu klären

Was war los? Worum geht es?
Lassen Sie beide Parteien zu Wort kommen und suchen Sie miteinander nach der Wahrheit. Stellen Sie die Gerechtigkeit wieder her.

Wenn die Fakten nicht mehr nachvollziehbar sind

Je nach Alter der Kinder müssen wir manchmal mit Autorität einen Streit einfach beenden, bevor er eskaliert. Manchmal kann man nicht mehr feststellen, worum es ging, warum gestritten wurde. Dann kann es hilfreich sein, Kinder abzulenken und die Aggressionen in eine andere Richtung lenken.

Möglich wäre ein Wettspiel, Wettrennen, Wettwerfen, Ballspielen o. Ä., also anderes interessanter machen als den Streit.

Sie könnten auch etwas vorlesen und die Kinder so zur Ruhe führen.

Ein Rollenspiel – entweder mit Handpuppen oder mit Spielfiguren aus Holz, Lego, Playmobil ... kann spielerisch den Konflikt verarbeiten (evtl. die Szene nochmals aufleben lassen).

Regeln einführen

— Die Reihum-Regel oder „Erst-du-dann-ich-Regel" ist hilfreich bei Streit um einen bestimmten Gegenstand, um irgendein Spielzeug.
— Kinder müssen Warten lernen, eine Frustrationstoleranz einüben.
— Bei eindeutigen Besitzverhältnissen muss der Besitzer um Erlaubnis gefragt werden.
— Auch das Teilen kann gelernt werden! Die Entdeckung, sich mit dem anderen zu freuen, ist etwas besonders Schönes.
— Gewinner und Verlierer sollen geachtet werden.
— Einfühlungsvermögen – lernen, sich in den anderen einzufühlen – *(Wie fühlt es sich an, wenn ich einen Bauklotz auf den Kopf bekomme?)* ist eine Fähigkeit, die die Kinder ein Leben lang benötigen werden.
— Kindern muss klargemacht werden: Beleidigungen und Schimpfwörter sind tabu!
— Auch Kinder (und wir selbst) sollten Verallgemeinerungen vermeiden.

- Eine wichtige Regel ist, einander ausreden, sich gegenseitig zu Wort kommen zu lassen.
- Wir dürfen aus der Vergebung leben und können darum auch lernen, einander um Vergebung zu bitten und zu vergeben.
- Bereinigtes wird ruhen gelassen und nicht ständig wieder ausgegraben.
- Es ist sehr befreiend, zwischen Sache und Person zu unterscheiden – also zwischen dem Tun und Verhalten des anderen und der Würde, die jedem Menschen zusteht!

Zusammenfassung

Aggressives Grundpotenzial in eine positive Kraft verwandeln

Ziele neu formulieren

Wer aggressiv auf andere zugeht, wünscht sich eigentlich eine Veränderung der Situation zum Positiven und erreicht doch genau das Gegenteil: Beziehungen oder Situationen verschlechtern sich, statt sich zu verbessern. Wer sich den negativen Folgen des Handelns ehrlich stellt, diese erkennt und darunter leidet, ist eher bereit zur Veränderung.

Klare Zielformulierungen sind deswegen hilfreich:

Was möchte ich eigentlich ändern?
Habe ich es auf bisherigem Weg erreicht?
Welche Ziele leiten mich, wenn ich ärgerlich werde?
Was wünsche ich mir für meine Beziehungen?
Wie kann ich das am ehesten erreichen?

Erkennen, was mich aggressiv macht

Bestimmte Situationen, Menschen, Gedanken lösen aggressive Gefühle aus. Sie verunsichern mich, machen mir Angst, erinnern mich an verletzende oder Furcht einflößende Erlebnisse. Ich befinde mich in Parallelsituationen, die ich aus der Vergangenheit kenne und die mich unangemessen reagieren lassen. Dabei kann die Erkenntnis hilfreich sein: *Ich werde nicht geärgert, sondern ich ärgere mich. Ich werde nicht verletzt, sondern ich verletze mich selbst mit meinen Reaktionen. Das Verhalten anderer überdeute ich als gegen mich gerichtet, obwohl dies von meinen Mitmenschen so nicht beabsichtigt wurde.*

Selbstbild überprüfen und Heilung erfahren

Wer sich ohne Bedingungen und ohne besondere Leistungen geliebt und angenommen weiß, hat die besten Voraussetzungen, einen neuen Umgang mit Aggressionen zu lernen. Liebe verwandelt unsere Persönlichkeit, löst Verunsicherungen und Ängste auf. Gott schenkt uns in der Beziehung zu ihm eine neue Wertigkeit. Die Botschaften, die wir an uns selbst aussenden, werden durch die Erfahrung des Angenommenseins bei Gott verändert. Dankbarkeit und Gelassenheit können zu einer Lebensgrundhaltung werden. Die Verletzungen der Kindheit können geheilt werden.

Unterscheiden zwischen Ärger und Aggression

Ärger kann zu einem positiven Antrieb werden, er ist ein Zeichen für die körperliche Bereitschaft, zu handeln, ein Erregungszustand, der mich in Alarmbereitschaft versetzt. Ärger ist wie eine innere Sprungfeder, die mir signalisiert, dass etwas nicht stimmt: eine Reaktion auf Verletzung, Frustration oder Furcht. Ärger kann durchaus positiv, konstruktiv und frei von zerstörenden Aggressionen ausgedrückt werden.

Die Art und Weise, wie wir mit Ärger umgehen, ist erlernt durch Vorbilder (Eltern, Geschwister, Lehrer, Freunde). Das gibt Hoffnung für jeden Menschen: Was negativ erlernt ist, kann auch wieder verlernt werden.

Zerstörerische Emotionen in positive Kraft verwandeln

Wir können lernen, Kettenreaktionen aufzulösen, wenn wir unsere innere Antenne, den Ärger, positiv nutzen, damit wir nicht von unseren Aggressionen überrumpelt werden: Wann kommt Ärger hoch? Welche Gefühle sind die Vorläufer zu aggressiven Ausbrüchen?

Fragen Sie sich in solchen Situationen: *Warum bin ich jetzt ärgerlich? Was möchte ich jetzt eigentlich erreichen? Wie komme ich am besten zum*

Ziel? Welche der folgenden Strategien ist jetzt effektiv?

– Zeit gewinnen durch Innehalten und Reaktionsmuster verzögern.
– Zeiten der Stille und des Gebetes pflegen.
– Neues Denken einüben, alten Mustern Einhalt gebieten: *Wo ist mein Anteil am Streit? Wo missdeute ich das Verhalten anderer?*
– Sich in andere hineinversetzen: *Warum tut oder sagt er/sie das? Will er/sie mich ärgern oder meint er/sie es ganz anders?*
– Über solchen Fragen ein klärendes Gespräch suchen.
– Fair und in Würde miteinander umgehen und streiten.
– Die eigenen Bedürfnisse besser kennen und ohne Vorwürfe äußern lernen.
– Unsere Vergangenheit bewusst unter Gottes Heilung stellen.

Persönlicher Fragebogen zum Umgang mit Aggressionen

Was macht mich aggressiv?

Aggressions-Auslöser	ja – sehr	ja – etwas	Manch- mal	kaum	nein – nie
Bedrohung					
Angst					
Verletzung					
Beleidigung					
Ungerechtigkeit					
Hilflosigkeit					
Frustration					
unerreichte Ziele					
hohe Erwartungen					
Fehler bei mir oder anderen					
Unwahrheit					
Schuldgefühle					
Ungeborgenheit					
Stress					
anderes, zum Beispiel					

Äußerung von Aggression	oft	ab und zu	Manchmal	selten	nie
verdrängen, körperlich reagieren: Kopfschmerzen, Magenschmerzen, Durchfall, übermäßiges Essen, Appetitlosigkeit, Hungern, Erschöpfungszustände, Nervenzusammenbrüche, Bluthochdruck, Schlaflosigkeit, Ähnliches, z.B.:					
Selbstbestrafung: Selbstverurteilung, negative Selbstgespräche, innere Schuldzuweisung, zu hohe Forderungen an sich, Selbstverletzung, Selbstmordgedanken, Depressionen, Ähnliches, z.B.:					
heimliche Aggressionen: Sabotage, Sarkasmus, Nörgeln, Kritiksucht, Schmollen, Rückzug, Liebesentzug, Erpressung, Ähnliches, z.B.:					
jähzorniges Explodieren: Zerstörungswut, Schreianfälle, Türenknallen, Herumrennen, mit den Füßen stampfen, andere schlagen bis hin zu Morden, Ähnliches, z.B.:					

Literatur

Horx, Matthias: Wie wir leben werden, Frankfurt, Campus Verlag 2005

Mack, Cornelia: Was uns als Familie stark macht, Hänssler 2006

Mack, Cornelia: Töchter und Mütter, Hänssler 2003

Pfeifer, Samuel: Der sensible Mensch, Wuppertal 2002

Spitzer, Manfred: Vorsicht Bildschirm. Elektronische Medien, Gehirnentwicklung, Gesundheit und Gesellschaft, Stuttgart 2005

Tausch, Reinhard: Hilfen bei Stress und Belastung, Rowohlt 1989

Tournier, Paul: Aggression – Kraft zum Guten, Kraft zum Bösen, Wuppertal 1979

Tournier, Paul: Echte und falsche Schuldgefühle, Bern (o.J.)

Fußnoten

1 Reinhard Tausch, Hilfen bei Stress und Belastung, S. 355
2 Samuel Pfeifer, Der sensible Mensch, S. 101
3 ebd., S. 276
4 Stuttgarter Zeitung 27. März 2007 oder auch www.idw-online.de
5 Wikipedia
6 siehe dazu auch Cornelia Mack, Was uns als Familie stark macht, S. 29ff.
7 Matthias Horx, Wie wir leben werden, S. 166
8 Manfred Spitzer, Vorsicht Bildschirm. Elektronische Medien, Gehirnentwicklung, Gesundheit und Gesellschaft, Stuttgart 2005
9 Paul Tournier, Echte und falsche Schuldgefühle, S. 78
10 siehe auch Cornelia Mack, Endlich frei von Perfektionismus
11 siehe auch Cornelia Mack, Töchter und Mütter, S. 136ff.

Brigitte Schorr

Hochsensible Mütter

Klappenbroschur,
13,5 x 20,5 cm, 208 S.
Nr. 395.441,
ISBN: 978-3-7751-5441-3

Ein Kind zu haben ist für hochsensible Frauen wie eine Fahrt mit der Achterbahn. Eine Flut von Wahrnehmungen und Gefühlen stürzt auf sie ein und bringt sie oft an ihre Grenzen. Dieses Buch bietet praktische Anregungen und Denkanstöße für einen entspannteren Alltag.

Bitte fragen Sie in Ihrer Buchhandlung nach diesen Büchern!
Oder schreiben Sie an:
SCM Hänssler, D-71087 Holzgerlingen;
E-Mail: info@scm-haenssler.de;
Internet: www.scm-haenssler.de

family

**Partnerschaft genießen.
Familie gestalten.**

Impulse für die Ehe: family bietet Grundlagen für starke Ehen und Praxistipps für das Leben zu zweit.

Familienkompetenz: Eltern geben ihre Erfahrung weiter. Heiße Erziehungs-Themen werden diskutiert, Fragen beantwortet. family lädt ein, Persönlichkeit zu entwickeln und als Familie mit Gott zu leben.

6 Ausgaben/Jahr

family erscheint 6 mal im Jahr.
Ein Abonnement erhalten Sie in Ihrer Buchhandlung oder unter

Kostenlos testen unter:

www.bundes-verlag.net
Tel. 02302 93093-910
Fax 02302 93093-689

SCM Bundes-Verlag

www.family.de